La chance
tu provoqueras

Six comportements
pour profiter du hasard

Groupe Eyrolles
61, bd Saint-Germain
75240 Paris Cedex 05

www.editions-eyrolles.com

Titre original : *Faites votre chance* de Alain Samson
© 2007 Les Éditions Transcontinental, Montréal (Canada)

© Groupe Eyrolles, 2008
ISBN : 978-2-212-54113-7

Alain Samson

La chance
tu provoqueras

Six comportements
pour profiter du hasard

EYROLLES

Table des matières

TABLE DES MATIÈRES

Préface

Depuis des années, j'offre à ma clientèle les services d'Alain Samson comme conférencier, en insistant sur l'aspect scientifique de ses propos et sur son humour pince-sans-rire. Et voilà qu'il écrit un ouvrage sur la chance !

Vous comprendrez que c'est avec une certaine appréhension que j'ai entrepris la lecture de ce manuscrit. Heureusement, mes inquiétudes se sont vite estompées.

J'ai appris avec étonnement que le thème de la chance avait été étudié par des scientifiques, et qu'on avait comparé des chanceux à des malchanceux pour déterminer ce qui les distingue les uns des autres. Mais le plus important, c'est encore de savoir que le travail ne suffit pas et qu'il est possible, pour quiconque le souhaite, de devenir plus chanceux.

Évidemment, s'il suffisait de travailler dur pour réaliser ses rêves, tous ceux qui bossent soixante heures par semaine connaîtraient le succès. Or, ce n'est pas toujours le cas. Certains se tuent à la tâche et vont d'échec en échec... Nous sommes pourtant toujours responsables de ce qui nous arrive ou de ce qui ne nous arrive pas.

Je vous avertis : ce que vous allez découvrir ici pourrait changer à jamais la façon dont vous voyez l'existence et dont vous menez votre vie.

À vous qui lisez cette préface en vous demandant s'il est judicieux d'acheter le livre, je réponds par l'affirmative. Pour ma part, c'est sans appréhension aucune que je proposerai à mes clients la conférence issue de ce livre.

Commencez dès aujourd'hui à cultiver votre chance : poursuivez votre lecture.

Caroline Thibault, présidente de Formatout.

www.formatout.com

Sale chanceux !

« J'comprends que ça ne va pas
Mais ne reste pas tout seul
La chance ne sourit pas
À ceux qui lui font la gueule
La chance, elle aime pas ça
Les regards d'épagneuls... »
La chance, La Rue Kétanou.

C'est de chance qu'il sera question dans ce livre. Non pas du hasard, mais de la capacité qu'ont certaines personnes d'accumuler plus rapidement et aisément les succès dans leur vie professionnelle ou personnelle. C'est cette faculté qui fait que les moins chanceux les regardent avec envie et jalousie, cette faculté qui leur permet d'être plus heureux, jour après jour.

Pour beaucoup de gens, le monde se divise en deux groupes : les chanceux et les malchanceux. Les premiers ont des vies heureuses, les seconds navi-

3

guent d'échec en échec. Les premiers ont des emplois dans lesquels ils se réalisent, les seconds croupissent dans des jobs ingrats. Les premiers ont trouvé le partenaire de vie idéal, les autres n'ont aucun succès amoureux.

À écouter ces personnes, on a l'impression que le destin choisit les gagnants et les perdants. C'est comme si l'on devait se contenter de la donne que la vie nous a servie. Mais, il n'en est rien. Cette façon de percevoir les choses repose sur une mauvaise définition de la chance et une mauvaise compréhension du monde et de son fonctionnement.

Il est temps de faire le point sur votre existence et sur votre responsabilité quant à ce que vous vivez actuellement. Au sommet de l'Olympe, il n'y a pas de dieux qui vous regardent vivre et qui, s'ils vous apprécient ou vous détestent, favorisent votre succès ou vous mettent des bâtons dans les roues. Il importe peu que vous croisiez un chat noir en vous rendant au travail, et vous n'avez pas à porter d'amulette si vous craignez de perdre votre bien-aimé.

En supposant que votre malchance soit due aux dieux, à un chat noir ou à la perte d'un colifichet, vous montrez que vous ne maîtrisez pas ce qui vous arrive. Pourtant, la chance n'est pas un caprice du hasard...

La chance, c'est un trait de caractère qui vous permet justement de profiter du hasard. Vous pouvez dès maintenant, si vous le voulez, devenir plus chanceux. Des chercheurs ont effectué des études scientifiques s'échelonnant sur près de dix ans pour tenter de comprendre ce qui distingue les chanceux des malchanceux. Les résultats sont clairs : vous pouvez devenir plus chanceux. Il vous suffit d'acquérir six habitudes.

Pendant que ces recherches ont eu lieu, la science quantique a déconstruit des mythes qui vous poussent peut-être à accepter votre sort avec résignation, sans résister, alors que vous pourriez aspirer à mieux.

Ce livre s'ouvre donc sur une bonne nouvelle : les gens ne naissent pas chanceux ou malchanceux. Vous pouvez commencer dès maintenant à faire fleurir votre chance. Cessez de vous fier au destin et attelez-vous dès aujourd'hui à la réalisation de vos rêves. Attirez la chance à vous !

Choisissez d'aller plus loin.

Happez l'instant présent.

Anticipez positivement l'avenir.

Nourrissez votre réseau de contacts.

Contextualisez les obstacles.

Exécution !

C'est le défi que je vous propose. Vous pouvez devenir plus chanceux et passer à un niveau supérieur. Vous pouvez accumuler plus facilement et plus rapidement les succès professionnels et personnels. C'est à votre portée ! Tout comme il vous suffit d'imiter les gens en forme pour améliorer votre santé, il vous suffit d'adopter les six comportements des chanceux pour acquérir ce trait de caractère et enfin profiter du hasard !

Un défi de taille

Ce livre présente les six attitudes des personnes chanceuses. Si vous adoptez ces comportements, votre chance et votre degré de satisfaction à l'égard de la vie augmenteront rapidement. C'est aussi simple que cela. Il n'y a rien de magique ni d'ésotérique dans ce qui suit. Vous n'aurez pas à mettre un fer à cheval à votre porte pour attirer la chance ou à répandre du sel pour chasser les mauvais esprits. Vous pouvez vraiment accroître votre chance, sans superstition !

Cependant, il vous faudra relever un défi de taille pour cela : quitter l'état de contentement dans lequel vous vous êtes progressivement installé. En effet, certaines personnes perdent la flamme qui les aiderait à mieux profiter de la vie et végètent, laissant peu à peu la chance les abandonner.

- Content d'avoir obtenu des résultats professionnels satisfaisants dans les premières années, vous oubliez de vous fixer des objectifs plus élevés. Vous vous mettez à gérer votre vie « à la petite semaine », et l'immobilisme qui en résulte vous fait perdre des parts de marché. Depuis quand n'avez-vous pas eu de nouvelles idées pour le développement de votre entreprise ? À quand remonte votre dernier échec ? Êtes-vous tombé dans le piège de l'immobilisme tranquille ?
L'idée de progresser dans votre carrière vous a-t-elle abandonné ? Vous aviez choisi ce boulot parce que vous saviez qu'il vous mènerait loin, et vous avez peu à peu oublié qu'il pouvait y avoir quelque chose de mieux, qu'il y avait un « après-ce-boulot ». Vous vous êtes laissé enfermer dans une prison dorée (sécurité de l'emploi, programme de retraite, etc.) et vous avez négligé votre capacité d'aller plus loin.

- En amour, désireux de ne pas rester seul, vous vous êtes accroché au premier partenaire qui s'est présenté. Vous n'avez pas tenté d'améliorer votre couple par la suite et n'avez même pas songé que la vie à deux pouvait vous apporter bien davantage qu'une once de plaisir.

- En termes de développement personnel, vous avez entrepris votre carrière en étant conscient de l'importance de viser l'excellence, mais vos premiers succès vous ont fait penser (à tort) que votre développement était terminé, que vous étiez au sommet de votre art. En conséquence, vous avez plus ou moins consciemment décidé de stagner.

> *« Le sentiment de vide est un symptôme vous indiquant que vous ne vivez pas de manière créative, qu'aucun but ne vous captive ou que vous vivez en sous-utilisant vos talents et votre potentiel. »*
>
> D'après des propos de Maxwell Maltz.

Dans la vie, l'état stationnaire n'existe pas. Celui qui ne continue pas d'améliorer son sort finit inéluctablement par reculer. C'est une réalité implacable. Êtes-vous sclérosé ? Vous pourrez le découvrir en répondant aux quatre questions qui suivent.

Avez-vous tendance à envier ceux que vous percevez comme chanceux ?

Si vous regardez les autres avec envie et que vous nourrissez des émotions négatives à leur égard, c'est que vous projetez sur eux les sentiments que vous avez pour vous-même. Vous n'osez pas vous avouer que vous végétez, que vous n'avez réalisé qu'une fraction de ce que vous auriez pu faire et que vous n'utilisez qu'une part infime de votre potentiel. Vous pouvez choisir d'aller plus loin. Ce sera l'objet du chapitre 1.

Confiez-vous votre chance au hasard ?

Si vous êtes un adepte du Loto ou un visiteur régulier des casinos, vous confiez votre chance au hasard. Vous vous dites que la vie est morne, que tout irait mieux si le hasard vous souriait, que vous gagnez des cacahuètes mais que vous aurez un tout autre train de vie quand vous aurez décroché la super cagnotte ! Si vous vous reconnaissez, sachez que vous avez une chance sur quatorze millions de gagner au Loto. En achetant un billet par semaine, le hasard devrait vous sourire d'ici... 269 230 ans ! Ne vaudrait-il pas mieux commencer à attirer la chance autrement dès aujourd'hui ?

Concevez-vous qu'on puisse avoir du succès plus vite que d'autres sans y consacrer plus d'efforts ?

Comme vous le verrez plus loin, le monde est un reflet de vos attentes. Si vous les modifiez et que vous changez votre façon de voir le monde, vous transformerez votre réalité. Ce sujet sera traité dans le chapitre 2.

Cultivez-vous les défaites ?

Quand vous rencontrez une personne qui a du succès, recourez-vous à une explication impliquant que la réussite n'est pas faite pour vous ? Avez-vous tendance à employer les « oui, mais… » ?

- Oui, mais… il est né dans une famille aisée. Il est né avec une cuiller en argent dans la bouche.

- Oui, mais… il a un diplôme. Si j'avais pu étudier, moi…

- Oui, mais… il est plus extraverti. Il a des facilités à entrer en contact avec les autres.

- Oui, mais… il a encore l'âge de se lancer dans des projets. Moi, en revanche…

Vous cultivez les « oui, mais… » ? Laissez-moi vous dire que c'est de la bouillie pour les chats ! Vous vous épuisez pour rien ! Vous acceptez ces défaites parce qu'elles vous exemptent d'investir les efforts nécessaires au développement de votre chance. Ces excuses vous gardent sur la voie de la paresse et du contentement, sans que vous ne vous posiez de questions.

Il existe un antidote à cette tendance léthargique : la discipline. Vous en aurez besoin pour devenir plus chanceux. Vous devrez consacrer des efforts à des aspects de votre vie que le contentement vous a amené à négliger jusqu'ici.

Il ne faut pas être passif face à la chance ; ce n'est pas simplement une chose qui arrive par hasard. Pour l'acquérir, vous devez être actif. Cela vous intéresse-t-il de connaître plus vite et plus facilement des succès dans votre vie professionnelle, affective ou dans tout autre domaine de votre vie concerné ? Laissez-moi vous montrer comment.

Choisissez d'aller plus loin

*« Je crois à la chance et je m'aperçois que,
plus je travaille dur, plus j'en ai. »*
Thomas Jefferson.

Vous rappelez-vous de votre premier ordinateur ? Je me souviens très bien du mien. C'était un TRS-80. Il n'avait pas de disque dur. Il n'avait même pas de lecteur de disquettes. Il fallait tout sauvegarder sur un magnétophone pour ne pas perdre d'information. Et pourtant, ceux qui utilisaient cet appareil se considéraient vraiment comme avant-gardistes, à la pointe de la technologie. Ils ne pensaient pas que l'on puisse produire un ordinateur plus puissant.

J'ai fait plus tard l'acquisition d'un IBM (deux lecteurs de disquettes, pas de disque dur) et d'un traitement de texte. C'était une des premières

9

LA CHANCE TU PROVOQUERAS

versions de WordPerfect, entièrement en texte et sans interface graphique. À l'époque, les ordinateurs ne disposaient même pas de souris. Pourtant, on pensait que le sommet venait d'être atteint en matière de logiciel de traitement de texte.

Qui aurait pensé que le disque dur et la souris arriveraient par la suite ? Que le copier-coller nous permettrait de travailler nos textes sans tout retaper ? Qu'il serait même possible de conserver nos textes sur Internet pour les consulter à partir d'un autre ordinateur ?

À chaque innovation, nous passions à un niveau supérieur. À chacune d'entre elles, nous réalisions que le champ de nos possibilités venait de s'élargir…

Plus tard, j'ai vécu la même évolution dans mon métier de conférencier. Au début, je m'estimais chanceux si l'on payait simplement mes frais de déplacement, car, au moins, j'avais la chance de donner une conférence.

Par la suite, j'ai réalisé que les services que j'offrais avaient de la valeur et je me suis découvert une clientèle prête à payer jusqu'à 250 euros pour une formation de trois heures. À ce moment-là, je me sentais réellement riche !

J'ai ensuite découvert un client prêt à payer 700 euros, puis un autre qui acceptait de débourser 2 000 euros pour que je prenne la parole à l'occasion d'événements. Aujourd'hui, je trouve normal qu'on me verse plus encore pour une seule conférence. Le monde tel que je le voyais a changé, ainsi que ma perception de mes clients potentiels.

Retenez cette dernière phrase parce qu'elle est très importante. En réalité, le monde n'a pas changé. Il a toujours été le même. C'est ma perception de celui-ci qui s'est modifiée et qui m'a permis, au fil des rencontres chanceuses (dont il sera question au prochain chapitre), d'entrer en contact avec des clients qui avaient toujours été présents sur le marché. En fait, la vision que j'en avais, dans les premiers temps, m'empêchait de voir des pans entiers de clients qui avaient besoin de mes services. Pourtant, ils étaient bien existants… J'ai eu la CHANCE de les dénicher.

Qu'en est-il pour vous ?

Parlons de vous, maintenant. Votre carrière vous satisfait-elle ? votre situation financière ? votre relation amoureuse ?

Si oui, tant mieux. Mais, est-il possible que vous soyez dans la même situation que moi quand j'utilisais mon TRS-80 ? Est-il possible que vous vous contentiez d'une situation qui est, certes confortable, mais à des années-lumière de ce à quoi vous pourriez aspirer ? Est-il imaginable que, sur le plan de votre carrière, de votre situation financière ou de votre vie amoureuse, vous n'ayez pas encore pris conscience des possibilités qui s'offrent à vous ?

Si l'on établit un parallèle entre votre vie et ma carrière de conférencier, est-il possible que vous vous satisfassiez de clients à 250 euros sans savoir que d'autres, plus fortunés, auraient besoin de vous ? À côté de combien de clients à 2 000 euros êtes-vous passé sans même réaliser qu'ils pourraient requérir vos services ?

Dans tous les domaines de votre vie, il est possible de passer à un palier supérieur. Ce qui vous en empêche, c'est que vous n'êtes pas conscient de ce que la vie peut vous offrir de plus. Vous êtes comme les gens qui, dans l'allégorie de la caverne de Platon, pensent que le monde n'a que deux dimensions. Comment peuvent-ils espérer davantage s'ils ne réalisent pas qu'ils ne voient que des ombres et que les êtres vivants sont bien plus que cela ? Ce chapitre a pour objectif de faire éclater la vision que vous entretenez de votre monde…

11

La dixième clé de la résilience

La résilience est cette faculté qu'ont les êtres humains de rebondir au lieu de se laisser tomber quand ils subissent un coup du sort. Parmi ces clés, la dixième est la curiosité, c'est-à-dire la capacité de découvrir ce que le monde peut vous offrir, la capacité de percevoir le palier supérieur.

Êtes-vous curieux ? Avez-vous des rêves ? Si vous n'en avez pas, vous êtes sclérosé. C'est la même chose si, étant satisfait de votre situation, vous vous demandez pourquoi vous iriez plus haut. Pourquoi vous contenter d'une vie version TRS-80 alors que la version Pentium vous attend ?

Au moment où j'écris ces lignes, c'est la saison des fraises. Imaginez qu'un immense champ de fraises se trouve derrière votre domicile et que vous vous rendez chaque jour à la même talle afin de cueillir ces fruits délicieux. La première journée, vous en trouvez beaucoup et vous revenez rassasié. La deuxième journée, il y en a moins, et les jours suivants, presque plus.

Cela signifie-t-il qu'il n'y a plus de fraises dans ce champ ? Pas du tout ! C'est simplement que vous les cherchez chaque jour au même endroit et que vous avez déjà récolté tout ce que contenait cette talle. Alors que vous rentrez bredouille en vous disant que la saison des fraises est terminée, êtes-vous conscient du fait que des gens cueillent encore des fruits en quantité ? Que faites-vous quand vous les voyez revenir avec des paniers débordants de fraises ? Maugréez-vous en vous disant qu'ils sont chanceux ?

Ceux que vous trouvez chanceux ont parcouru tout le champ, espérant qu'il y aurait peut-être encore des fruits un peu plus loin. Ils se sont donné la peine de changer leurs habitudes pour trouver mieux. Le monde a beaucoup à vous offrir, mais vous n'accéderez à un palier supérieur que lorsque vous aurez pris connaissance de son existence et que vous pourrez vous en figurer une image précise. Que désirez-vous ? Des fraises ou du sable ? Si vous ne le savez pas, vous n'aurez que du sable...

Trente vœux

Prenez une feuille et inscrivez-y : « Ce que je demanderais si j'étais persuadé de l'obtenir.» Divisez ensuite la feuille en six parties : carrière, santé, vie amoureuse, situation financière, vie sociale et bien-être personnel.

C'est fait ? Maintenant, imaginez qu'au détour d'un sentier votre pied heurte un objet métallique à moitié enfoui dans le sol. Vous vous empressez de le déterrer : il s'agit d'une vieille lampe à huile. Vous la frottez du revers de la manche afin d'évaluer sa composition, quand un génie en sort. Toutefois, ce n'est pas un génie comme dans les contes : vous n'êtes pas limité à trois souhaits. Vous avez droit à trente vœux, mais vous n'avez que quinze minutes pour les énoncer car, au bout de ce laps de temps, le génie disparaîtra.

Vous avez un quart d'heure pour inscrire trente vœux. N'oubliez pas d'en inclure dans chacun des domaines de votre vie. Quand ce sera fait, vous continuerez votre lecture.

....

....

....

....

....

....

....

....

....

....

....

....

....

....

....

C'est fait ? Relisez vos trente vœux (si vous avez pu en trouver autant), puis répondez aux questions suivantes : Auriez-vous pu demander davantage ? Comment vous sentiriez-vous si ces souhaits se réalisaient aujourd'hui ? Vous sentiriez-vous chanceux ?

Le plus intéressant, c'est que vous pouvez faire en sorte que tous ces vœux se réalisent. Et le plus beau, c'est que vous pourrez refaire l'exercice une fois ces vœux accomplis et aiguiller votre vie vers un niveau encore plus élevé. Vous en apprendrez la manière d'ici la fin de ce livre.

Une question se pose maintenant : êtes-vous prêt à faire ce qu'il faut pour que cela arrive ?

L'ingrédient de base de la chance : le mécontentement positif

Déterminez le vœu qui vous comblerait le plus s'il était exaucé. Croyez-vous qu'il se réalisera si vous ne faites rien ? Certes, le hasard pourrait vous donner un coup de pouce, mais quand ? La pensée positive ne peut, à elle seule, vous aider à concrétiser vos rêves. Il en faut davantage. C'est ici qu'intervient le « mécontentement positif », un des trois choix qui s'offrent à vous pour construire une passerelle entre votre situation actuelle et votre avenir. Voici donc ces trois options.

L'absence de rêves

Certaines personnes ne pensent pas à leur avenir. En général, elles ne sont pas trop déçues par la vie : elles n'en attendent rien et n'en reçoivent rien. Elles ne réalisent qu'une faible proportion de leur potentiel et attribuent souvent leur absence de bonheur à la malchance.

Le mécontentement

D'autres personnes, insatisfaites de leur sort, entretiennent l'image d'un avenir souhaitable. Constatant l'écart entre leur réalité et cette image, elles nourrissent des émotions négatives. Elles en deviennent malheureuses et ressentent un mélange d'envie et de jalousie quand elles croisent quelqu'un qui réalise ses rêves. Au fond, elles se disent : « Encore un chanceux ! » Cette attitude renforce l'impression qu'elles sont elles-mêmes des perdantes.

Le mécontentement positif

Finalement, il y a des gens qui, bien qu'insatisfaits de leur vie, réalisent les efforts nécessaires pour réaliser leurs rêves. Leur mécontentement est donc une source d'inspiration positive, d'où l'expression « mécontentement positif ». Pour eux, la moindre petite victoire, le plus petit pas vers l'atteinte de leurs objectifs constituent une occasion de se réjouir et augmentent leur degré de bonheur. Ils félicitent chaleureusement ceux qui réalisent leurs rêves, mais ils demeurent concentrés sur leur propre cheminement.

Sans mécontentement positif, vous ne pourrez jamais faire fleurir votre chance. Vous pouvez passer à un niveau supérieur mais, pour ce faire, vous devez choisir d'aller plus loin.

L'absence de rêves ne mène nulle part. Le mécontentement plonge dans la dépression. En revanche, le mécontentement positif pousse à l'action.

La réalisation de vos vœux et la science

Traitons maintenant un peu de la science traditionnelle. Nous aurons l'occasion, dans les prochains chapitres, de parler de la science actuelle. Pour ce qui est de la traditionnelle, donc, le monde est prévisible. Il existe des lois universelles et, pour tout effet, il existe une ou plusieurs causes. Si vous voulez produire un effet donné, il vous faut simplement comprendre sa cause et la mettre en application.

Par exemple, pour faire bouillir de l'eau (au niveau de la mer) et la transformer en vapeur, vous devez la porter à 100 °C. Que vous fassiez le test une ou mille fois, vous obtiendrez le même résultat. Il n'y pas de chance là-dedans. L'eau bout à 100 °C : c'est une loi physique.

C'est la même chose dans la vie. Pour obtenir un effet, vous devez faire les gestes nécessaires à sa réalisation. Si vous ne les faites pas, vous laissez le hasard décider à votre place. Si vous les faites, vous augmentez vos chances de voir vos rêves se réaliser.

Croyez-vous que Céline Dion se considère comme chanceuse de mener une telle carrière et d'être au sommet aujourd'hui ? Elle seule pourrait dresser la liste des sacrifices et de la discipline qu'elle s'est imposés pour se trouver là où elle est aujourd'hui Si un fan lui disait à quel point il la trouve chanceuse d'avoir réussi à ce point, elle se contenterait de sourire.

Imaginez-vous qu'un artiste s'estime chanceux quand, après des nuits de travail, il accouche d'une œuvre qui le fera connaître dans le monde entier ? Non, car il sait combien d'efforts il a investis dans cette tâche. Il sait qu'il est passé par des périodes de « vaches maigres » pour atteindre le sommet de son art, et son estomac se rappelle les semaines sans bons repas. Sa chance, il l'a faite.

Pensez-vous que l'entrepreneur qui vit dans une opulence relative se considère comme chanceux d'en être arrivé là ? Non. Il se rappelle les nuits sans sommeil, la crainte de la faillite, les écueils qu'il a surmontés sur le chemin du succès.

Il ne suffit pas d'avoir des rêves ; il est nécessaire de faire des efforts pour les réaliser. Le succès n'est qu'un effet. Ses causes sont souvent invisibles aux yeux des observateurs, et c'est lorsque l'on est témoin des effets sans en connaître les causes qu'on invoque la chance pour expliquer le succès d'autrui.

Si vous souhaitez réaliser un vœu (l'effet), vous devez découvrir comment (les causes) d'autres personnes l'ont fait avant vous. Ensuite, imitez-les. C'est aussi simple que cela.

Si vous vous contentez de rêver sans accomplir les gestes qui pourraient contribuer à réaliser vos voeux, vous n'obtiendrez qu'un mécontentement grandissant. Ainsi, je rencontre régulièrement des gens qui aimeraient écrire un roman. Ils en rêvent. C'est leur projet. Ils se voient romanciers à succès, signant dédicace sur dédicace dans les salons du livre. Quand je leur demande où ils en sont, ils me répondent qu'ils n'ont encore rien écrit. Ils attendent l'inspiration, les idées. Entre-temps, ils s'imaginent bien des choses, mais n'écrivent rien...

Si vous voulez être romancier, écrivez ! Si vous souhaitez devenir conférencier, louez une salle et faites-y venir vos clients ! De même, si vous rêvez de retrouver votre taille d'antan, mais que vous ne faites pas de sport et mangez trop, vous ne maigrirez pas.

La science traditionnelle le prouve : l'effet souhaité n'est pas au rendez-vous si sa cause n'est pas déterminée. Il faut semer avant de récolter.

Comment vous y prendre ?

À vos stylos... prêt ? Partez !

En haut d'une feuille, ou sur les lignes ci-dessous, inscrivez la date d'aujourd'hui, puis choisissez un vœu dans votre liste et déterminez à quelle date vous souhaitez l'avoir réalisé. Inscrivez cette date au bas de la feuille et, à côté, écrivez « Objectif atteint ». Dressez maintenant la liste des étapes nécessaires pour atteindre votre but. Pour chaque étape, écrivez le jour où vous devrez l'avoir franchie pour réaliser votre objectif à la date déterminée.

Pour vous assurer que vous ne faites pas fausse route, n'hésitez pas à demander son opinion à quelqu'un qui est passé par là (il sera question de l'importance de nourrir son réseau de contacts au chapitre 4). Ensuite, lancez-vous. Franchissez la première étape avec succès, puis passez à la deuxième, et aux suivantes, jusqu'à ce que vous puissiez crier victoire !

« Tout vient à point à qui sait attendre. À condition de travailler pendant qu'on attend ! »

Leon Danco.

Action !

Regarder votre feuille ne vous mènera nulle part une fois votre échéancier rempli. Si vous ne vous lancez pas dans l'action, vous êtes comme la personne qui s'imagine romancière depuis quatre ans et qui n'a pas encore écrit une page. La chance ne l'aidera pas… C'est ici qu'entre en jeu un mot qui n'est plus très à la mode : le sacrifice (sans oublier cette formule qui s'y adjoint : la capacité à reporter le plaisir).

Les personnes qui sont en mesure de faire des sacrifices aujourd'hui pour obtenir davantage plus tard réussissent mieux dans la vie. Celles qui préfèrent profiter uniquement du moment présent, quitte à pleurer plus tard, semblent moins chanceuses.

Dans une expérience rapportée par Daniel Goleman, l'auteur de *L'intelligence émotionnelle*, on a présenté à des enfants de cinq ans des biscuits ou des guimauves en leur disant que, s'ils ne les mangeaient pas tout de suite, on leur en remettrait deux de plus cinq minutes plus tard. L'expérimentateur quittait ensuite la salle pour examiner le comportement des enfants derrière un miroir sans tain.

Certains enfants ont réussi à surmonter l'envie de manger la collation immédiatement. D'autres n'y sont pas parvenu. On a revu ces enfants

19

quelques années plus tard. Ceux qui avaient été capables de se priver pour obtenir davantage dans le futur ont mieux réussi leurs tests d'aptitudes scolaires. On peut penser qu'ils ont su sacrifier l'instant présent (jeux vidéo, télévision) pour mieux se préparer à l'examen et ainsi obtenir de meilleurs résultats.

C'est exactement ce que répètent les conseillers financiers pour la planification de la retraite : ce qui compte, c'est de commencer à économiser tôt parce qu'ainsi, grâce au miracle des intérêts composés, vous avez bien plus de chances d'être à l'aise au moment de votre retraite.

La réalisation de vos rêves implique donc des sacrifices à court terme. Vous devrez laisser de côté la télévision, éviter de perdre votre temps à des activités secondaires et faire tout le nécessaire pour que vos projets avancent.

Un petit effort de plus

Je donnais une conférence dans une entreprise qui fêtait la fin de l'année. Au dessert, le patron a pris la parole pour remettre aux meilleurs vendeurs des primes réparties comme suit : 3 500 euros au meilleur vendeur, 700 euros au deuxième et 350 euros au troisième. Les autres ne recevaient rien.

Le meilleur bénéficiait donc d'une prime cinq fois supérieure à celle obtenue par le deuxième. Cela signifie-t-il qu'il était cinq fois meilleur ? Je l'ai demandé au patron, qui s'est fait un plaisir de me montrer les chiffres. En fait, leurs ventes annuelles s'établissaient respectivement à 579 170 euros et à 578 970 euros. Ces 200 euros de différence ont fini par représenter un écart de 2 800 euros dans la prime de fin d'année !

« Et savez-vous quoi ? a poursuivi le patron. L'autre était encore en avance cet après-midi, mais, parce que c'était la fête ce soir, les vendeurs étaient pressés de quitter les lieux. Un seul s'est donné la peine d'aller voir le dernier client de la journée pour lui demander ce qu'il cherchait. C'est le seul qui était prêt à rester quinze minutes de plus... et c'est lui qui a eu la prime de 3 500 euros. »

Voulez-vous quelques astuces rapides pour être plus chanceux au travail, en amour et en affaires ? Ils valent bien plus que le prix de ce livre. En voici quelques-uns :

- Au boulot, travaillez. Vous n'êtes pas là pour passer le temps, donner des coups de téléphone personnels ou divaguer sur Internet. Travaillez, et votre chance ne tardera pas à se manifester. Ne négligez aucun client, aussi modeste soit-il. Il finira par grandir, et vous serez content, plus tard, de l'avoir bien servi. Vos concurrents vous trouveront très chanceux...
- Si vous êtes en couple, entretenez la flamme de votre amour. Ne tenez pas votre partenaire pour acquis. Restez en mode séduction.

Peut-on ne pas manipuler ?

C'est donc ça le secret de la chance : travailler ?

Non, travailler n'est pas le secret de la chance. Disons plutôt que c'est le début d'un processus qui permet d'être plus chanceux. Vous n'arriverez jamais à l'être si vous n'avez aucun rêve et si vous n'êtes pas prêt à y consacrer les efforts nécessaires.

Cependant, nourrir des rêves, avoir l'esprit de sacrifice et travailler ne suffisent pas à faire fleurir la chance. Je connais des personnes qui, même si elles ont des rêves et qu'elles sont prêtes à mettre les bouchées doubles pour les réaliser, semblent aller de malchance en malchance. C'est pour ces personnes-là que j'écris ce livre. Une expression les décrit bien : « Ils tombent de Charybde en Scylla ».

À l'opposé, certains individus semblent vraiment plus chanceux que d'autres. Il leur arrive constamment des choses qui les aident à se réaliser : ils feuillettent une revue au hasard et découvrent un projet d'entreprise ; ils rencontrent un client potentiel dans un ascenseur ; ils font les premiers pas vers une femme et sont reçus avec empressement ; ils perdent leur emploi et en dénichent un autre, plus intéressant et mieux payé, dans la semaine qui suit. Qu'ont-ils de particulier ?

Selon certains, ces personnes ont un sixième sens leur permettant de rencontrer facilement les gens qui les aideront et l'information qui leur manque. Serait-ce la clé ? Dans ce cas, il faudrait se résoudre à être chanceux ou malchanceux, car nul ne sait vraiment comment acquérir un sixième sens...

Ces réflexions ont amené Richard Wiseman, directeur de recherche au département de psychologie de l'université de Herfordshire, en Grande-Bretagne, à mener une expérience assez particulière.

Par le biais d'une émission de télévision grand public, le docteur Wiseman est parti en quête de participants, à qui il a donné un test pour déterminer s'ils allaient être classés dans le groupe des chanceux ou dans celui des malchanceux. Sept cents personnes ont répondu à l'appel. Voici ce que le docteur Wiseman a constaté.

———— Les définitions du Docteur Wiseman ————

Les personnes chanceuses donnent l'impression que le hasard joue régulièrement en leur faveur. Par exemple, elles gagnent plus régulièrement dans les tirages, elles font des rencontres qui leur sont bénéfiques, et leur bonne fortune les aide à réaliser leurs ambitions.

Les personnes malchanceuses donnent, quant à elles, l'impression que le hasard joue contre elles. Par exemple, elles gagnent rarement dans les concours, elles sont plus souvent impliquées dans des accidents dont elles ne sont pas responsables, elles sont moins chanceuses en amour et elles vivent souvent des événements malheureux dans leur vie personnelle ou leur vie professionnelle.

Wiseman, Richard. *Notre capital chance : comment l'évaluer et le développer*, Paris, Marabout, 2004.

Il existe en Grande-Bretagne une loterie semblable au Loto de la Française des jeux. Le docteur Wiseman a demandé à chacun des sept cents participants sur quels chiffres il miserait la semaine suivante. Ensuite, il a classé les réponses en deux piles : celle des chanceux et celle des malchanceux.

Après avoir retenu les six chiffres les plus souvent choisis par les personnes chanceuses (1, 7, 17, 29, 37 et 44), le docteur Wiseman a misé sur cette combinaison en se disant que, si les chanceux ont un sixième sens, il deviendrait peut-être millionnaire au prochain tirage. Inutile de dire que tout cela le rendait fébrile.

Le soir du tirage, les chiffres 2, 13, 19, 21, 32 et 45 sont sortis. Seuls trente-deux participants ont gagné de petits lots et, parmi ceux-ci, il y avait autant de chanceux que de malchanceux. Les gens chanceux n'ont donc pas de sixième sens. Ils ne parlent pas aux anges, et les dieux ne leur sont pas plus favorables qu'aux autres.

De la magie alors ?

Certains pensent que les porte-bonheur, les talismans ou les incantations attirent la chance. Pour ceux qui y croient, il s'agirait d'un effet placebo.

L'effet placebo produit une réaction réelle sur un patient qui a pris un médicament qui, en réalité, n'en est pas un. Si vous avez un malaise à l'estomac et que je vous remets un comprimé de farine en vous disant que ce médicament est recommandé pour les maux d'estomac, il se peut que vous vous sentiez mieux après l'avoir pris. En vérité, ce n'est pas le médicament qui a soulagé votre malaise, c'est votre esprit qui a fait le travail.

De même, si je vous offre une amulette en vous disant qu'elle vous portera chance dans telle ou telle circonstance et que vous croyez ce que je vous raconte, il est possible qu'elle vous aide. Vous aurez davantage confiance en vous et vous vous lancerez à l'assaut des obstacles en y investissant bien plus d'énergie que si vous aviez douté de vous. Ce n'est pas la magie qui augmente votre chance ; c'est ce qu'elle provoque en vous. La force se trouve au fond de vous-même.

Le docteur Wiseman s'est ensuite demandé si ce n'était pas simplement le hasard qui rendait les gens chanceux ou malchanceux. Dans ce cas, on serait un jour chanceux, un autre malchanceux. Après tout, c'est ainsi que fonctionne le hasard. Si vous jouez à pile ou face, vous n'obtiendrez pas toujours pile, même si vous êtes chanceux.

Le docteur et son équipe ont alors mené une série d'entrevues avec des participants afin de déterminer le niveau de chance qu'ils avaient actuellement et qu'ils avaient eu jusque-là. Les résultats ont montré que le hasard n'y est pas pour grand-chose. Les personnes qui se considèrent comme chanceuses (50 %) l'ont été une grande partie de leur vie, et celles qui se considèrent comme malchanceuses (14 %) l'ont toujours été. Par ailleurs, 36 % des gens ne se sentent ni chanceux ni malchanceux et ne pensent pas avoir connu de moments de grande chance ou de grande malchance dans leur existence.

Si le hasard était en cause, on ne pourrait se dire systématiquement chanceux ou malchanceux. Omettons donc le sixième sens, la magie et le hasard ; il y a sûrement un autre phénomène qui explique que certaines personnes soient plus chanceuses que d'autres.

Wiseman a poursuivi ses recherches. Je vais vous les présenter, sous une forme personnelle, au cours des prochains chapitres. Laissez-moi vous

© Groupe Eyrolles

24

révéler pour l'instant qu'il est possible, en adoptant certaines habitudes, de devenir systématiquement bien plus chanceux.

Résumé

Pour accroître votre chance, il vous faut aller plus loin. Cela implique de prendre conscience que des paliers supérieurs sont accessibles dans toutes les sphères de votre vie et de réaliser les gestes pour y accéder. Cette décision repose sur le mécontentement positif, une émotion qui fait naître en vous l'énergie pour aller plus loin.

Naturellement, cela ne peut se faire sans sacrifier des plaisirs immédiats en échange de gains futurs. Vous ne pouvez rien récolter si vous n'avez pas semé quoi que ce soit. Il faut savoir vous discipliner et travailler. Ce qui distingue les gagnants et les chanceux, ce n'est pas qu'ils ont travaillé cinq fois plus que les autres, c'est simplement qu'ils ont fourni un effort supplémentaire. Ils ont continué à travailler pendant que les autres ne faisaient rien.

Cependant, le travail n'est pas suffisant. Les chanceux ont aussi des habitudes qui seront présentées dans les prochains chapitres. Ils n'ont pas de sixième sens et ont tendance à être chanceux en toutes circonstances. Leur chance n'est donc pas le fruit du hasard.

LA CHANCE TU PROVOQUERAS

En prime

~

Savez-vous que vous êtes très chanceux ? La lecture de ce chapitre vous vaut une prime. Chaque chapitre de ce livre, en effet, se terminera par une section qui vous offrira des primes susceptibles de bonifier votre vie. Au bout de votre lecture, si vous appliquez les conseils qui y sont présentés, vous devriez devenir plus chanceux et plus heureux.

La prime de ce chapitre s'appelle la vitalité. Il est évident qu'en suivant ce qui vient de vous être présenté vous deviendrez plus chanceux. C'est tout à fait normal. Vous réaliserez que vous pouvez vous rendre plus loin et vous mettrez en œuvre les moyens nécessaires pour y arriver. La chance ne fera que suivre ce que vous aurez impulsé.

Retenez bien cette information encore plus importante : le cerveau humain est une merveilleuse machine qui produit des matières finies (des extrants) avec tout ce dont vous la nourrissez (les intrants : vos émotions, ce qui vous arrive, votre perception du monde, etc.).

Revenons sur les trois options qui s'offrent à vous quand vous comparez votre situation actuelle à votre avenir potentiel (l'absence de rêves, le mécontentement et le mécontentement positif). Ces trois composantes sont à la base d'émotions qui constituent autant d'intrants permettant à votre cerveau de produire quelque chose.

Par exemple, si vous ressentez du mécontentement, de l'envie et de la jalousie quand vous constatez l'écart entre ce que vous êtes et ce que vous pourriez devenir, votre cerveau se servira de ces matériaux pour produire d'autres extrants. Vous vous sentirez probablement sous-évalué. Votre estime personnelle chutera. Vos relations avec vos collègues et avec votre partenaire amoureux se détérioreront. La qualité de votre travail s'en ressentira. Il se peut même que, pour éviter l'épuisement professionnel, vous choisissiez la voie de la médication ou des substances grisantes (drogues, alcool, etc.). Ces comportements renforceront votre mécontentement, ce qui vous poussera dans un cercle vicieux autodestructeur. Vous deviendrez alors malchanceux.

Si vous n'avez pas de rêves, l'apathie vous guette. À quoi bon vous forcer si vous n'allez nulle part ? Votre niveau d'énergie sera minimal, et les jours, les semaines et les mois finiront par se ressembler. Vous vivrez comme un automate que son environnement contrôle. Aucun intrant, aucun extrant.

Si vous ressentez du mécontentement positif, vous pouvez passer à un niveau supérieur. Loin de vous amener à vous apitoyer sur votre sort, cette prise de conscience vous poussera à envisager un avenir serein et à investir les efforts nécessaires à sa concrétisation. Cela vous remplira d'énergie positive, que vous pourrez canaliser pour votre plus grand bien.

L'énergie

Dans l'univers, on trouve davantage d'énergie que de matière. Tout comme vous, le monde est constitué d'énergie. Le problème, c'est que vos soucis bloquent les sphincters énergétiques qui vous permettraient de l'emmagasiner et de l'utiliser. En cultivant le mécontentement positif, vous vous accordez la permission d'accumuler l'énergie qui, de toute manière, a toujours été et sera toujours à votre disposition. Vous ne la créez pas : elle est partout autour de vous !

Devinez ce que vous ressentirez à ce moment... Je vous le donne en mille : vous vous sentirez vivant, plein d'énergie, et vous aurez l'impression que vous maîtrisez votre existence. Vous connaîtrez ce que, dans la typologie de Peterson et de Seligman, on appelle la vitalité.

La vitalité

La vitalité est une force qui s'apparente à une prédisposition pour l'action. La personne qui perçoit la vie avec enthousiasme, comme une aventure, qui sort facilement du lit le matin et qui s'emballe devant les projets possède cette force. C'est une des facettes d'une vertu qu'on appelle le courage.

Vous seriez surpris du nombre de gens qui ne se sentent pas vivants, qui se contentent d'une vie « à la petite semaine », sans but défini ni rêve. Ces adeptes du « métro-boulot-dodo » n'ont pas d'objectif, sinon celui de préserver leurs acquis. Ils tiennent à la vie, certes, mais ils n'en jouissent absolument pas. Leur niveau d'énergie est neutre, ce qui les rend vulnérables aux événements générateurs de stress.

La vitalité est nécessaire pour faire face au monde d'aujourd'hui. Notre rythme de vie est si intense que le taux de dépression s'est multiplié par dix au cours des quatre dernières décennies.

Ce n'est pas du bluff !

Il est maintenant possible de mesurer le champ magnétique émis par un être humain. Savez-vous qu'il est considérablement plus fort quand une personne entretient des pensées heureuses ou des émotions positives ? C'est là un des effets directs de l'augmentation de la vitalité.

Le sentiment d'être vivant empêche les événements de vous épuiser. Grâce à cette force, vous restez positif même dans la tourmente. Cette énergie vous aide également à rechercher des solutions plutôt que des coupables.

La vitalité vous permet de vous libérer psychologiquement et de vous procurer le pouvoir, en toutes circonstances, de vous concentrer sur le

© Groupe Eyrolles

côté positif ou négatif d'un événement. Grâce à elle, vous pouvez faire la part des choses, ce qui vous évitera de tout considérer comme une catastrophe. Elle vous met aux commandes de votre existence.

Vous sentirez grandir cette force en vous au fur et à mesure que vous choisirez consciemment d'aller plus loin. À ce moment, vous remarquerez que vous êtes plus chanceux et que vous vous sentez plus heureux. L'un ne va pas sans l'autre : le bonheur naît souvent du sentiment d'utiliser pleinement ses talents. En passant à un niveau supérieur, c'est ce que vous faites.

Happez l'instant présent

*« Si un mec voit passer la chance et qu'il ne l'attrape pas,
c'est vraiment un imbécile. »*
Michel Colucci, dit Coluche.

L'expression latine *carpe diem* signifie « mettre à profit l'instant présent ». C'est à elle que je pense quand je vous dis qu'il faut happer le moment présent. Soyez à l'affût des cadeaux que la vie vous offre chaque jour et que vous ne prenez pas le temps de voir. Cette capacité repose sur votre volonté d'aller plus loin. Je vous donne quelques exemples personnels.

• Lors d'une soirée de retrouvailles entre amis, une personne me demande quels sont mes projets. Je lui réponds que j'aimerais présenter des conférences publiques, car, actuellement, je n'en fais que des privées.

31

LA CHANCE TU PROVOQUERAS

Elle me répond qu'elle connaît un producteur et qu'elle peut nous mettre en contact. Ma rencontre avec ce producteur n'aurait pas eu lieu si je n'avais pas eu ce projet.

- Je mange avec un partenaire d'affaires potentiel et la soirée va bon train. Ses propositions me conviennent et ses promesses me semblent raisonnables par rapport à l'envergure du projet. Il ne reste qu'à accepter le contrat, mais quelque chose me dit de ne pas signer. Bien sûr, il faut battre le fer pendant qu'il est encore chaud ; pourtant une petite voix m'indique de rester prudent. Je m'abstiens donc. Trois jours plus tard, j'apprends que cette personne est poursuivie pour fraude par d'anciens partenaires. Ma voix intérieure m'a épargné bien des soucis.

- Je suis en vacances au Mexique et, comme j'ai perdu ma clé pendant la baignade (ah ! les vagues de Puerto Vallarta !), je me rends à la réception pour obtenir un double. En partant, j'entends une personne en saluer une autre. Je reconnais le nom : celui d'un auteur que j'apprécie. Je me tourne vers lui pour lui dire bonjour et faire connaissance. Et… nous allons bientôt écrire un livre ensemble.

Ai-je été chanceux ? J'ai été mis en contact avec une personne dont j'avais besoin ; j'ai évité des problèmes financiers et légaux ; j'ai rencontré un auteur avec qui j'ai construit une solide relation professionnelle. Dans un sens, j'ai été chanceux…

Si je n'avais pas su quoi répondre quand on m'a demandé quels étaient mes projets, je n'aurais pas rencontré le producteur. J'aurais pu ignorer ma voix intérieure et signer un contrat problématique, ou être tellement frustré par la perte de ma clé que je n'aurais pas entendu le nom de l'auteur. Bref, j'aurais été malchanceux.

Cependant, dans tous ces exemples, il y aurait eu dans la salle une personne qui connaissait un producteur ; mon partenaire d'affaires potentiel aurait été mal intentionné ; et l'auteur que je souhaitais rencontrer aurait séjourné au même hôtel que moi.

En restant ouvert à ce que le monde vous offre, en saisissant chaque instant pour en recueillir les diamants, vous augmentez votre chance. Cependant, cela ne relève en rien de la magie ! Les chanceux perçoivent simplement le monde d'une manière différente. Ils y dénichent plus aisément ce dont ils ont besoin. C'est à votre portée !

Le monde est-il réel ?

Selon des théories scientifiques modernes, ce que vous prenez pour la vérité ne l'est pas. Le monde autour de vous n'est pas celui que vous voyez. Vous vous créez un univers à partir de l'information que vous décidez de traiter. Bref, ce que vous percevez comme le monde est une image construite par votre conscience.

Selon le physicien Fred Alan Wolf, ce que vous distinguez de la matière dépend des choix de votre esprit. En fait, le monde recèle de bien plus d'éléments que vous n'en percevez. L'univers que vous vous êtes bâti (et que vous croyez réel) repose sur les trois éléments suivants :

• l'information que vous avez choisie de percevoir ;

• la manière dont vous traitez cette information ;

• les données que vous avez créées de toutes pièces afin que vos perceptions correspondent à vos attentes.

La perception sélective

Votre environnement contient trop d'éléments. Si vous vouliez tout discerner, vous vivriez une surcharge cognitive. Le cerveau ne peut pas traiter toute cette information ; c'est pourquoi vous devez choisir ce que vous voyez. Vous devez percevoir de manière sélective et vous le faites d'ailleurs merveilleusement bien.

Supposons que vous ayez un rendez-vous amoureux et que vous arriviez au restaurant avant l'autre. Dès que celui-ci entrera, votre cerveau enregistrera sa posture, son apparence, ses vêtements, sa démarche, etc. En quatre secondes, vous vous ferez une idée de cette personne en fonction de vos expériences antérieures relatives à des personnes qui avaient la même posture, la même apparence, la même démarche, etc.

Et que ferez-vous après ces quatre secondes ? Vous ne distinguerez que les éléments qui confirment votre première impression. Si vous avez décidé que la personne vous déplaît, vous percevrez chez elle ce que vous n'aimez pas chez les gens en général. Si elle vous plaît, vous ne verrez que ce que vous appréciez. En fin de soirée, vous serez en mesure de confirmer votre première opinion. Ceci est inévitable puisque vous aurez refusé de percevoir les éléments qui vous auraient montré le contraire et que vous aurez inventé des éléments vous permettant de corroborer vos hypothèses.

Ne sous-estimez pas la valeur de ce qui précède : cela signifie qu'en modifiant la manière dont vous percevez le monde vous le transformez ! Cela veut aussi dire qu'en choisissant bien ce que vous voyez, vous êtes en mesure de réaliser plus rapidement vos rêves parce que vous trouvez dans le monde les intrants qui vous sont nécessaires pour y parvenir. Par exemple, il n'existe pas de rencontres fortuites ; il y a simplement des gens que vous décidez de voir et d'autres que vous choisissez d'ignorer.

S'emparer de l'instant présent implique donc que vous appreniez à jeter un regard nouveau sur ce que vous percevez, que vous soyez réceptif à tout ce qui vous entoure. Rien ne prouve que cette personne dans l'ascenseur soit un client potentiel ; vous le saurez si vous vous intéressez à elle. Rien n'indique que cette dame que vous croisez au supermarché pourrait devenir l'amour de votre vie, vous le saurez seulement si vous vous adressez à elle.

Saisir l'instant présent, c'est ne rien tenir pour acquis. Cette personne est peut-être l'assistante de votre client, mais qui vous dit qu'elle n'a pas une autre fonction ? En la cantonnant dans son rôle d'assistante, vous n'accédez qu'à une portion de ce qu'elle pourrait vous offrir. Elle est peut-être la sœur d'un client potentiel que vous tentez de joindre depuis des semaines, et elle pourrait jouer les entremetteuses !

Profiter du présent, c'est faire fi du contexte. Ce n'est pas parce que vous êtes chez le dentiste que vous ne rencontrerez personne (regardez dans la salle d'attente) ou ne trouverez pas une information (feuilletez les revues) dont vous avez besoin.

Finalement, saisir l'instant présent, c'est être à l'affût de ce que la vie peut vous offrir.

———— Un lien avec le chapitre 1

Comme c'est vous-même qui construisez votre propre monde, celui-ci sera fade si vous n'avez pas de rêves. Rien de plus normal puisque, dans ce cas, vous ne savez pas où poser votre regard. Il faut être porteur d'une intention pour tirer quelque chose de ce monde en construction.

Si le mécontentement vous habite, vous construirez un monde peuplé d'injustices à votre égard. Vous remarquerez les gens qui vous évitent, vous percevrez surtout vos faiblesses (ce qui vous démoralisera encore plus) et vous aurez tendance à faire des choix (partenaire de vie, placements, changement de carrière, etc.) qui entretiendront votre malchance.

À l'inverse, si vous éprouvez du mécontentement positif, vous aurez tendance à trouver les gens, les événements ou les renseignements susceptibles de vous aider à réaliser vos rêves.

Trouver la bonne fréquence

L'idée selon laquelle tout ce dont vous avez besoin pour réaliser vos vœux est déjà à portée de main vous paraît peut-être un peu suspecte. Vous vous dites qu'il y a longtemps que vous ne croyez plus aux formules magiques. Rassurez-vous ! Ce n'est pas d'ésotérisme que je vous parle, mais de science.

Imaginez-vous dans un parc par un bel après-midi d'été. Il fait chaud, mais vous vous êtes trouvé une place à l'ombre, sur un banc. Vous vous sentez bien et vous vous dites que vous aimez vraiment être seul pour communier avec la nature.

Mais êtes-vous vraiment seul ? Savez-vous que vous êtes enveloppé d'énergie, que les ondes de centaines de stations de radio et de milliers de conversations téléphoniques vous entourent en ce moment même ? Tout cela est invisible mais n'en demeure pas moins autour de vous. Il suffirait, par exemple, pour rendre votre après-midi encore plus agréable que vous ayez sur vous un poste de radio et que vous le branchiez sur votre station préférée.

Il en va de même pour votre vie. Vous êtes entouré d'éléments susceptibles de vous aider à réaliser vos rêves mais, pour y parvenir, vous avez besoin d'un poste de radio. Cet objet, c'est le mécontentement positif conjugué à la décision d'aller plus loin, c'est la liste de vos trente vœux, c'est-à-dire l'avenir que vous désirez.

Encore faut-il que vous branchiez votre poste de radio sur la bonne station. Comment vous y prendre ? C'est ce que vous découvrirez dans les prochains paragraphes.

Les personnes chanceuses sont moins anxieuses

Le docteur Wiseman a réalisé une autre expérience. Il donnait rendez-vous dans un café à des personnes considérées comme chanceuses ou malchanceuses. Elles devaient arriver à une heure donnée, prendre un café et repartir. Dans l'établissement et à l'extérieur de celui-ci, étaient disposées des caméras cachées. À l'intérieur, les quatre tables disponibles étaient chacune occupées par une personne : trois individus lambda et un homme d'affaires prospère.

Dehors, on avait laissé traîner un billet de dix euros, bien en vue. Il était facile de deviner, en le voyant, que quelqu'un l'avait laissé tomber. L'expérience pouvait maintenant commencer.

La première personne à se présenter au café faisait partie du groupe des chanceux. Rapidement, elle a vu le billet de dix euros et l'a ramassé. Elle est ensuite entrée dans le café, s'est assise à la table occupée par l'homme d'affaires, l'a salué et lui a offert un café. Quelques instants plus tard, ils étaient en pleine discussion.

La deuxième personne à se présenter faisait partie du groupe des malchanceux. Elle n'a pas vu le billet, même si elle a marché dessus ! Une fois dans le café, elle s'est rendue directement au comptoir, puis s'est assise à la table de l'homme d'affaires sans lui dire un mot. Elle a bu son café en silence et est partie.

Ces deux individus ont vécu la même situation dans le même monde. Qu'est-ce qui distingue le chanceux du malchanceux ?

Imaginons maintenant deux hommes à la recherche d'une compagne, qui se présentent au même cocktail. Quel sera leur comportement probable s'ils sont chanceux ou malchanceux ?

- Le premier homme, chanceux, arrive détendu. Il sait qu'il cherche une femme avec qui partager sa vie, mais il est intéressé par tout ce que la vie mettra sur son chemin ce soir-là. En conséquence, il est possible qu'il rencontre un client potentiel, un partenaire d'affaires, un nouvel ami ou une femme dont il tombera éperdument amoureux. Il est ouvert à tout.

- Le second, malchanceux, se présente anxieux au cocktail. Il a un objectif clair : rencontrer une blonde sulfureuse d'1 m 80, aux cheveux longs, infirmière et portant un parfum signé Sonia Rykiel. Concentré sur ce qu'il cherche, il ne remarque pas tout ce qui est à sa portée. Il est fermé à tout ce qui ne correspond pas à son objectif.

L'anxiété empêche de saisir l'instant présent ; elle vous rend moins chanceux. Obnubilé par ce que vous cherchez, vous passez à côté de nombreuses occasions qui vous permettraient de faire avancer votre vie. Ainsi, concentré sur les instructions, vous ne voyez pas le billet de banque placé droit devant vous et vous n'entrez pas en contact avec une personne susceptible de devenir un client important.

Il en va de même pour le sexe !

Le même phénomène se produit chez certains hommes, si anxieux de conserver leur érection pendant une relation sexuelle qu'ils en viennent à la perdre. À force d'imaginer leur sexe dégonflé, ils envoient à leur cerveau le message de faire en sorte que cela se produise.

C'est la raison pour laquelle, en thérapie, on leur indique que le but d'une relation intime est d'avoir et de donner du plaisir, et qu'il existe de nombreux moyens d'y parvenir. On les amène à s'ouvrir à toutes les possibilités, ce qui réduit leur anxiété et leur redonne leurs érections.

Dans la vie comme au lit, il faut savoir ce qu'on veut mais rester ouvert à ce qui s'offre. C'est la clé de la performance !

Ceci est très important : les gens ne sont pas moins anxieux parce qu'ils sont chanceux, mais l'inverse. La chance se présente à eux parce qu'ils sont plus détendus, plus ouverts.

Dans le domaine de la vente, c'est la même chose. Si vous vous présentez à un client en ayant pour seul objectif de conclure une transaction, il est possible que vous soyez anxieux et que vous n'arriviez pas à l'écouter suffisamment pour trouver les arguments qui le persuaderont.

Comment bien conclure une vente ?

Suivez ce conseil : présentez-vous à la rencontre avec le souci non pas de conclure une vente à tout prix, mais de découvrir si vous pouvez être utile à ce client potentiel. Votre attitude changera : vous serez plus détendu, plus à l'écoute, vous impressionnerez votre interlocuteur et conclurez aisément votre transaction.

N'enfermez pas les gens dans des rôles déterminés. La personne à qui vous vous adressez occupe un poste, mais elle est aussi un être humain, le membre d'une famille, peut-être un citoyen engagé dans sa collectivité. Elle connaît des personnes qui travaillent dans d'autres secteurs et s'est peut-être déjà impliquée dans une organisation dont vous avez besoin. En bref, au lieu d'aborder les événements ou vos interlocuteurs armé de préjugés, dites-vous qu'ils représentent peut-être des occasions en or ! Mais, vous n'avez simplement pas encore découvert ce qu'ils cachent.

Comment arriver à poser un regard neuf sur le monde ?

Dans un premier temps, détendez-vous. Dédramatisez la situation que vous vivez. Sans perdre de vue vos objectifs, rappelez-vous que le monde est rempli d'occasions et qu'il serait dommage de passer à côté.

Les chanceux se fient à leur intuition

Votre inconscient est bien plus actif que vous ne le croyez. Vous n'avez pas besoin, ainsi, de penser à respirer ou à garder votre organisme vivant, même quand vous dormez. Vos ressources inconscientes vous amènent à traiter constamment de l'information et à prendre sans cesse des décisions.

Vous est-il déjà arrivé de rencontrer quelqu'un et, sans raison apparente, de ne pas l'aimer ? C'est probablement parce que votre cerveau a perçu des traits communs entre cette personne et des gens auxquels vous ne pouvez faire confiance qu'il vous a renvoyé cette conclusion.

Avez-vous déjà conclu une affaire alors que votre corps vous disait que ce n'était pas une bonne idée ? J'animais récemment un atelier sur la construction de relations avec des partenaires d'affaires quand, à la pause, un des participants m'a confirmé que cela lui était arrivé : « Quand j'ai loué mon local, tout me semblait correct et j'avais hâte de finaliser la transaction. Cependant, je ressentais un malaise. On aurait dit que j'avais la nausée ou une boule dans l'estomac. Il s'est finalement avéré que le local présentait de nombreux défauts : stationnement quasi inaccessible en période de pointe, frais communs trop élevés, etc. J'aurais dû me fier à mon intuition. Mais, je suis d'abord un financier. Je me fais un honneur de décider de façon logique et j'ai signé malgré tout. C'est ensuite que les problèmes ont commencé… »

Croyez-vous à l'intuition ?

Il semble que ce concept ne soit pas l'apanage de gourous qui hantent les grottes de l'Himalaya. Un chercheur vient même de découvrir le siège probable de l'intuition : le cerveau abdominal, ou système nerveux entérique.

Redécouvert par le chercheur américain Michael Gershon, il est composé de neurones sensoriels, d'interneurones et de neurones sécrétomoteurs. Le système nerveux entérique se situe dans le tube digestif. Ce « cerveau » peut apprendre, mémoriser et penser indépendamment de celui qui est dans votre crâne. Il vous parle quand vous avez l'impression que quelque chose est suspect, que vous ne digérez pas quelqu'un, que vous avez une boule dans l'estomac ou qu'une affaire semble douteuse. C'est à lui que vous recourez quand vous adaptez intuitivement votre présentation devant un client.

Êtes-vous à l'affût des signaux que vous envoie ce second cerveau ? J'appelle cette faculté la connexion à l'estomac. C'est une composante de l'intelligence émotionnelle. Si vous y devenez plus réceptif, vous trouverez aisément l'argument qui convaincra un client, vous vous éloignerez des partenaires dangereux et vous vous adapterez plus facilement aux brusques changements qui surviennent autour de vous. Cette faculté dépasse le fait d'être conscient que votre corps vous communique un inconfort : elle implique la capacité d'entrer en contact avec vos émotions, de déterminer la nature de celles-ci et de découvrir ce qui les a causées.

Enfants, nous sommes tous ouverts à cette autre façon de percevoir et de décider. Mais en grandissant, pour de nombreuses raisons, nous nous y fermons. Certains le font parce qu'ils souhaitent paraître cohérents et que, pour eux, cela implique d'abandonner la spontanéité en adoptant toujours les mêmes comportements. D'autres privilégient la pensée logique parce que c'est ce qui est valorisé dans leur environnement. Certains, enfin, apprennent peu à peu à vivre en pilotage automatique et laissent s'émousser les talents dont ils disposent.

Voici cinq voies possibles pour retrouver cette faculté :

• Avant de prendre une décision, concentrez-vous sur votre ventre et demandez-vous ce que vous ressentez. Les émotions en disent beaucoup sur votre interprétation des événements. Par exemple, la peur peut vous avertir d'une menace imminente. Quand vous rencontrez dans votre environnement quelque chose qui pourrait combler un besoin, vous ressentez de l'intérêt. Quant à la colère, elle vous indique qu'un de vos droits pourrait être brimé.

• Ne vous limitez pas à un seul critère décisionnel. Prenez le temps de dégager un portrait d'ensemble. Ainsi, ce n'est pas parce qu'un client vous sourit qu'il est correct et se sent bien avec vous. Regardez aussi sa posture. Apprenez à observer l'ensemble d'une situation plutôt que de vous focaliser sur un détail.

- Remémorez-vous une décision prise à l'encontre de ce que vous disait votre corps ou votre intuition. Prenez une feuille et racontez l'événement : ce que vous avez décidé, ce que vous disait votre corps et ce qui est arrivé ensuite. Il est possible que vous ayez pris la bonne décision, mais peut-être aussi avez-vous commis une erreur.

- Soyez ouvert aux images qui vous viennent spontanément à l'esprit, sans qu'il n'y ait eu de travail cognitif. Parfois, vous n'avez pas à traiter consciemment l'information pour deviner ce qui se passe autour de vous. Ce témoignage le prouve : « Je travaillais dans une petite entreprise. Un matin, le patron nous a appris qu'un concurrent s'installait en ville. Tout de suite, j'ai su qu'un de mes collègues irait travailler pour ce nouveau venu. Ne me demandez pas comment je l'ai su, mais j'en étais persuadé. Deux semaines plus tard, à la surprise générale, Guy annonçait qu'il quittait l'entreprise. Je n'avais eu aucune information privilégiée, mais j'avais deviné ce qui arriverait. »

- Prenez des risques. Improvisez en fonction de la situation et n'hésitez pas à lancer des idées nouvelles lors d'une présentation. Je connais un agent immobilier qui faisait visiter une maison et qui, rationnellement, avait compris depuis quelques minutes que la vente n'aurait pas lieu. N'ayant rien à perdre, il s'est laissé aller. Se tournant vers l'enfant du couple, il lui a demandé où il mettrait l'arbre de Noël si la famille emménageait dans cette maison. Vingt minutes plus tard, l'offre d'achat était signée. La question était venue d'elle-même. Il ne l'avait pas préparée, et il ne l'a pas réutilisée depuis. C'était LA question à poser dans CETTE situation particulière.

Les décisions entièrement rationnelles n'existent pas. Les bonnes décisions reposent sur l'information obtenue par vos deux cerveaux. Vous ne pouvez pas faire des choix optimaux si vous vous fiez uniquement à l'information logique. Ouvrez-vous à vos émotions, vous y gagnerez en efficacité.

Ces conseils ne s'appliquent pas qu'à votre vie professionnelle. Vos vies familiale et sociale seront également plus riches si vous laissez de la place aux impulsions de votre second cerveau. Vous avez toutes les cartes en main pour être plus efficace dans vos vies professionnelle et personnelle. Il vous suffit d'utiliser les outils qui sont à votre disposition. Restez à l'écoute !

L'intuition et les travaux du docteur Wiseman

L'équipe du docteur Wiseman a tenté de découvrir si les chanceux étaient plus à l'écoute de leur intuition que les malchanceux. Le résultat de cette expérience s'est avéré positif, tant sur le plan professionnel que sur les plans personnel et financier. Les gens qui écoutent leur intuition sont plus chanceux !

Résumé

Pour augmenter votre chance, il vous faut saisir l'instant présent, mieux profiter de ce qui se passe à tout moment de votre vie, saisir ce que votre environnement vous offre.

Cela implique d'adopter une attitude d'ouverture à l'égard du monde, de vivre votre vie consciemment plutôt que de la traverser en automate. Au lieu de chercher dans le monde des choses particulières, demandez-vous ce qu'il vous réserve. Pour y arriver, les personnes chanceuses se débarrassent de leur anxiété et font confiance à leur intuition.

En prime

~

Qu'aurez-vous en prime, selon vous, si vous prenez l'habitude de vous emparer de l'instant présent ? Le don de la « synchronicité ». Ce concept, imaginé par Carl Gustav Jung, désigne une relation non causale entre deux événements.

Vous songez à remplacer votre voiture et, deux heures plus tard, vous voyez dans le journal que le modèle dont vous avez toujours rêvé est en solde. Ou encore, vous achetez une voiture parce qu'elle vous paraît unique et vous vous rendez ensuite compte que les rues de votre ville regorgent d'automobiles identiques.

Il ne s'agit pas de coïncidences, qui, elles, sont le fruit du hasard. Vous n'auriez pas vu cette publicité si vous n'aviez pas eu l'intention de changer de voiture, mais elle serait tout de même parue dans le journal. Vous n'auriez pas remarqué toutes les voitures identiques au modèle qui vous faisait envie si vous ne l'aviez pas acheté, mais elles auraient pourtant été présentes.

La « synchronicité », c'est l'intention, suivie d'un lâcher-prise, qui vous amène à découvrir ce dont vous avez besoin. Pour les observateurs, il ne s'agit que de coïncidences, mais vous, vous savez que vous avez créé vous-même votre chance.

Anticipez positivement l'avenir

« La meilleure façon de prédire l'avenir, c'est de le créer. »

Peter F. Drucker.

Rien de tel que quelques mises en situation pour débuter ce chapitre. Pour chacune d'entre elles, répondez à la question suivante : « Ce qui vous est raconté avant la rencontre aura-t-il un effet sur votre performance ? »

- Vous devez vous rendre à un entretien pour décrocher un emploi. Vous attendez depuis vingt minutes quand l'assistant de la personne que vous allez rencontrer arrive et vous demande de le suivre. En marchant dans le couloir, il vous dit que son supérieur, qui vous recevra

45

en entretien, a été favorablement impressionné par votre CV. Selon vous, comment l'entretien se déroulera-t-il ?

- Vous êtes une femme et je m'apprête à vous présenter mon épouse. Je vous demande d'être délicate avec elle parce que, la veille, je lui ai dit que je vous trouvais très jolie et elle n'a vraiment pas apprécié. Comment la rencontre se passera-t-elle ?

- Vous êtes conférencier. Deux minutes avant votre entrée en scène, l'organisateur vous dit de ne pas vous en faire si votre présentation est mal perçue. Il vous apprend que le patron a exigé la présence de tous les employés et que plusieurs ne s'intéressent pas du tout à ce que vous allez raconter. En réalité, le bruit court que votre conférence sur le changement n'est que le prélude d'une vaste restructuration. Comment vivrez-vous les deux minutes qui vous séparent de votre entrée en scène ?

Quelles sont vos réponses ? Probablement celles qui suivent.

Dans la première situation, le fait de savoir que la personne qui vous recevra en entretien a été favorablement impressionnée par votre CV vous détendra. Fier, vous redresserez le dos. Votre sourire s'élargira et vous établirez un excellent contact visuel avec votre interlocuteur, qui remarquera votre attitude et votre confiance. En quelques secondes, vous aurez marqué des points et vous aurez augmenté vos chances de décrocher cet emploi.

Dans la deuxième situation, vous serez sur le qui-vive. Vous craindrez une réaction négative de la part de mon épouse, ce qui vous poussera à éviter son regard au moment des présentations. Remarquant cela, ma femme vous trouvera distante et se demandera si vous avez quelque chose à cacher. Ainsi, elle se renfermera. La rencontre sera froide, et vous vous découvrirez peu d'atomes crochus.

Dans la dernière situation, vous risquez d'avoir peur de l'échec. Pour éviter que vos gags ne tombent à plat, vous déciderez de moins les

© Groupe Eyrolles

46

appuyer. Vous prendrez moins de temps pour établir le contact avec votre auditoire, et votre prestation sera bien en deçà de ce qu'elle vaut habituellement.

Nous avons effectué ce genre de tests en mai et en juin 2006. La conclusion est claire : vos attentes influent sur les événements. Les prédictions que vous faites par rapport à un événement ont tendance à se réaliser. Partant de cette conclusion, il est facile de prétendre que, si vous vous lancez dans un projet avec le sentiment que ce sera un succès, vous augmentez votre chance !

Ce qu'en dit la science

Laissez-moi vous décrire une expérience qui risque de vous surprendre. Entre une source de photons et un écran noir, on place un mur percé de deux fentes qui peuvent être ouvertes ou fermées. On dirige le faisceau de photons vers le mur. S'ils passent par une fente ou par les deux, le résultat sur l'écran noir est différent. Dans un cas, il y a interférence ; dans l'autre, diffraction. Théoriquement, on devrait toujours obtenir ces résultats.

Le physicien John Archibald Wheeler a prouvé que les attentes de l'expérimentateur peuvent modifier ces résultats ! Dans ce cas, pourquoi vos intentions n'influeraient-elles pas le déroulement de votre vie ? Vous êtes fait des mêmes matériaux de base que les particules utilisées dans ces expériences.

La science sait depuis longtemps qu'un monde fixe et immuable est voué à l'entropie, c'est-à-dire à l'effritement et à la disparition. Pour continuer à exister, le monde doit être en constante réorganisation. Vous pouvez, par vos attentes, l'aider à se réorganiser. Vous pouvez contribuer à fabriquer l'univers dans lequel vous vivrez demain. Vous n'êtes pas une victime du destin, vous êtes l'un de ses architectes !

Votre attitude par rapport au futur

Vous avez sûrement déjà entendu dire qu'il existe deux sortes d'individus : ceux qui voient le verre à moitié vide et ceux qui le voient à moitié plein. Dans quel clan vous situez-vous ? Les chanceux, nous le verrons plus tard, font partie du groupe des optimistes. Selon Martin Seligman, auteur de *Apprendre l'optimisme* et ancien président de l'APA (*American Psychological Association*), les optimistes réussissent mieux à l'école que les pessimistes, gagnent plus d'élections et ont plus de succès au travail.

Qui réussira dans la vente ?

Il y a quelques années, la *Metropolitan Life Insurance Company* avait des problèmes de recrutement. Chaque année, l'entreprise sélectionnait 5 000 vendeurs parmi 60 000 postulants. On leur faisait passer des tests et des entretiens, on évaluait leurs réactions par des mises en situation, mais la moitié des nouveaux employés quittaient l'entreprise au cours de la première année.

On a alors fait appel à Martin Seligman, dont la solution est venue rapidement : « Changez vos méthodes de sélection et misez sur l'optimisme. Observez les chiffres : les ventes de vos agents les plus optimistes sont 88 % plus importantes que celles des vendeurs les plus pessimistes. Cessez de chercher ailleurs. Engagez des employés optimistes, et vos problèmes s'en trouveront amoindris. »

Les recruteurs ont suivi ces conseils et le taux d'abandon a chuté, tandis que le rendement des nouveaux représentants a explosé.

Comment distinguer les optimistes des pessimistes ? Demandez aux personnes quelles émotions elles ressentent par rapport à leur avenir. Les premiers évoqueront la confiance, l'espoir, l'exaltation. Quant aux seconds, ils parleront plutôt de crainte et d'impression de crise imminente.

En quoi est-ce lié à la chance ? Selon le docteur Wiseman, les chanceux adoptent trois comportements, que je vous présente ci-après.

Les chanceux s'attendent à ce que leur vie se passe bien

Vous rappelez-vous les trois mises en situation du début de ce chapitre et les effets que les commentaires d'autrui pouvaient avoir ? Les chanceux ne tiendraient pas compte de ces commentaires ; ils s'attendraient à ce que la rencontre se déroule correctement.

Les chanceux s'attendent bien plus que les malchanceux à ce que les choses aillent bien pour eux. Ils s'attendent à être efficaces au travail, à ce que leur entreprise prospère, à ce que leur relation amoureuse aille de mieux en mieux. Pourquoi ? Tout simplement parce qu'ils ont une manière bien à eux d'analyser ce qui leur arrive.

Quand un événement agréable arrive aux chanceux, ils supposent qu'il se répétera et ils s'en attribuent souvent le mérite. S'ils ont réussi un examen avec brio, par exemple, ils se disent que c'est parce qu'ils ont bien étudié et que, comme ils continueront à bien se préparer, ils devraient continuer à avoir de bonnes notes dans l'avenir. De même, si quelqu'un leur fait les yeux doux, ils en concluent qu'ils sont attirants et qu'ils ne cesseront pas de l'être.

Les malchanceux, quant à eux, ne s'attribuent pas nécessairement le mérite des événements heureux qu'ils vivent. Ils supposent que ces derniers sont fortuits, que l'examen était particulièrement facile ou que la personne qui leur fait les yeux doux doit avoir des problèmes psychologiques pour ainsi s'intéresser à eux.

Comment s'étonner alors du fait que les malchanceux se lancent moins souvent dans des projets que les autres ? Ils ne sentent pas qu'ils peuvent réussir, qu'ils peuvent créer une différence. Ils s'en remettent au hasard, même s'ils sont persuadés que celui-ci leur est généralement défavorable.

Quand on crée sa malchance...

Certains chercheurs d'emploi s'imaginent dès le départ qu'ils n'obtiendront pas l'emploi qu'ils veulent. Ils se découragent à l'avance et ne se présentent pas aux entretiens. Ensuite, ils vous déclarent : « Tu vois ! J'avais raison. Ils ont pris quelqu'un d'autre ! »

Vous pouvez devenir plus optimiste vis-à-vis de votre avenir. Le fait de vous attribuer le mérite quand de bonnes choses vous arrivent est un début, mais ce n'est pas suffisant. Apprenez à remettre en question vos pensées négatives.

Entretenez des pensées optimistes. Vous méritez de réussir. Dressez la liste des projets que vous avez accomplis : vous constaterez que vous avez maintes fois réussi malgré l'adversité. Pourquoi cela ne se poursuivrait-il pas ?

Rappelez-vous également les fois où vous ne vous êtes pas lancé dans un projet par crainte d'échouer. Allez-y, faites l'exercice ! À bien y penser, combien de ces entreprises se seraient soldées par un échec ? Combien auraient été couronnées de succès ? N'aurait-il pas mieux valu que vous vous jetiez à l'eau ? C'est exactement la même chose pour les projets que vous caressez aujourd'hui.

S'attendre au mieux en affaires

En affaires, on distingue deux types de comportements. Certains, parce qu'ils s'attendent au pire, investissent le moins d'argent, de temps et d'efforts possibles dans leur entreprise. C'est normal : ils prévoient un échec. C'est généralement ce qu'ils finissent par connaître. D'autres, au contraire, lancent leurs projets en s'attendant au mieux. Ils s'investissent complètement, sans compter les heures. Ils redoublent d'ardeur s'ils craignent l'échec. Ils multiplient même leurs efforts quand les autres leur disent que c'est peine perdue. Ces personnes-là finissent toujours par réussir.

Dans quel groupe figurent les personnes que l'on qualifiera de chanceuses par la suite ? Dans quel clan sont les gens qui traiteront les autres de « sales chanceux » ?

Les chanceux se lancent même si les probabilités de succès sont faibles

Supposons qu'un projet vous tienne à cœur, mais que vous sachiez que vous avez une chance sur cinq de le réaliser. Risquerez-vous le tout pour le tout ? Il semble que les chanceux le fassent plus souvent que les malchanceux. Ils ne considèrent pas les 80 % de possibilités d'échec ; ils se concentrent sur les 20 % de potentialités de réussite. Si le projet les emballe, ils foncent !

Place Charpentier

En 1985, mon beau-père Jean Charpentier a décidé de réaliser un vieux rêve en construisant un centre commercial à Saint-Nicéphore, sa municipalité d'adoption. Sans plan définitif ni études de marché, il a entrepris la construction de ce complexe d'environ 5 600 mètres carrés. À Saint-Nicéphore ! Un endroit où, à cette époque, la population n'était que de 3 400 âmes.

Le projet était voué à l'échec, mais mon beau-père n'en avait cure. Pour faire augmenter la population du village, il a décidé de bâtir un complexe résidentiel en face du centre commercial. D'autres entrepreneurs sont venus et ont fait concurrence au Domaine du centre.

51

L'effet cumulé de ces constructions ne s'est pas fait attendre : en 1989, la population de Saint-Nicéphore était de 9 700 personnes, et il a fallu agrandir le centre commercial. Jean Charpentier avait gagné !

Comment peut-on expliquer ce succès ? Tout d'abord, la manière de visualiser un projet est importante.

• Quand arrive le temps de penser à un projet, les chanceux sont capables de le visualiser une fois terminé et d'en ressentir à l'avance les bénéfices. Ces facultés les poussent à se lancer dans l'action.

• Les malchanceux sont davantage enclins à entrevoir les obstacles qui se présenteront sur leur route. Chaque visualisation fait grandir dans leur esprit la conviction que le projet est irréaliste. Ils pressentent même les émotions qu'ils vivront quand ils constateront leur échec. Ils osent donc moins souvent prendre des risques.

Imaginons un chanceux et un malchanceux qui songent à arrêter de fumer. Le chanceux se voit déjà tel qu'il sera une fois le projet concrétisé : en forme, grimpant les marches deux à deux sans ressentir d'inconfort. Il s'imagine vivre vieux et en pleine santé. Le projet l'emballe, et il s'y lance sans plus tarder.

Le malchanceux, pour sa part, s'imagine en état de manque. Il se voit malheureux de ne pas fumer alors qu'à la maison son conjoint continue allègrement. Il s'imagine piquant des colères pour un rien et devenant obèse à force de compenser son besoin de nicotine en mangeant. Pourquoi se lancerait-il dans ce calvaire ?

Vous souhaitez devenir plus chanceux ? Concentrez-vous sur les bénéfices du projet, sur les émotions que sa réussite engendrera en vous. Demandez-vous si vous êtes prêt à investir les efforts nécessaires pour vivre cette expérience et, si c'est le cas, lancez-vous !

Le hasard est juste

Les chanceux ne réussissent pas tous les projets qu'ils entreprennent, loin de là. Tout comme les malchanceux, ils ont une chance sur deux de réaliser un projet qui n'a que 50 % de probabilités de réussite. Ce qui différencie les deux groupes, c'est que les chanceux se lancent à corps perdu dans le projet, tandis que les malchanceux ne s'y engagent pas.

Une fois sur deux, le chanceux réussit. C'est suffisant pour susciter l'envie du malchanceux, qui se contente de maugréer en se disant qu'il aurait pu, lui aussi, réaliser ce projet.

Un autre facteur distingue les chanceux des malchanceux quand un projet présente des difficultés : les premiers savent passer outre celles-ci. Ce sera le thème du chapitre 5.

Les chanceux s'attendent à la bienveillance d'autrui

Comment réagissez-vous à l'idée de rencontrer des inconnus ? Quelle est la principale émotion qui vous habite quand vous avez un rendez-vous galant ou que vous rencontrez un directeur de banque ou un employeur potentiel ? Hésitez-vous à demander de l'aide à vos collègues en décidant à leur place qu'ils vous la refuseront ? Faites-vous d'emblée confiance aux gens que vous rencontrez ?

Les chanceux s'attendent à ce que les gens qu'ils croisent soient bienveillants et ouverts à leurs besoins. En conséquence, ils :

- demandent facilement de l'aide parce qu'ils s'attendent à ce qu'on leur réponde « oui » ;
- sont ouverts lorsqu'ils rencontrent une personne, ce qui est perçu par l'autre comme une marque de respect ;
- ont une attitude chaleureuse envers les autres ;
- partagent facilement leurs rêves avec les gens qu'ils rencontrent.

LA CHANCE TU PROVOQUERAS

À l'opposé, les malchanceux pensent que les autres sont malintentionnés vis-à-vis d'eux et que les services qu'ils leur rendent sont intéressés. Ainsi, ils :

• hésitent à demander de l'aide et tentent souvent de faire les choses par eux-mêmes, se privant ainsi du savoir des gens qui les entourent ;

• sont sur la défensive quand ils rencontrent des inconnus, ce qui nuit à la qualité de la relation naissante ;

• ont une attitude froide avec les autres ;

• hésitent à partager leurs rêves de peur qu'on leur signifie qu'ils sont ridicules ou qu'on leur vole leurs idées.

Quelles sont les conséquences de ces deux genres d'attitudes ? Les malchanceux se condamnent à faire des erreurs qu'ils auraient peut-être évitées s'ils avaient demandé de l'aide. Ils éprouvent des difficultés à se faire apprécier et à établir une relation de qualité avec des gens qui pourraient les aider. Finalement, parce qu'ils hésitent à partager leurs rêves, ils passent peut-être chaque jour à côté de la réalisation de ceux-ci. En effet, il est fort possible qu'une personne de leur entourage soit en mesure de les aider.

C'est tout le contraire pour les chanceux. Grâce à la qualité de leurs relations, ils obtiennent de l'aide et un savoir précieux. Parler ouvertement de leurs rêves leur permet de rencontrer souvent des personnes susceptibles de les soutenir. En tenant pour acquis que les gens sont bienveillants à leur égard, ils créent un milieu qui les rend bien plus chanceux.

Les chanceux sont-ils naïfs ?

Pensez-vous que les chanceux, naturellement confiants, soient des victimes faciles pour les manipulateurs ?

Il est vrai que faire spontanément confiance à autrui rend vulnérable. Cependant, chez les chanceux, il ne s'agit pas de naïveté. Ils restent parfaitement conscients et réagissent quand ils découvrent qu'une personne n'est pas digne de confiance.

À l'aide de simulations mathématiques, on a prouvé que faire d'emblée confiance aux gens est la meilleure stratégie pour ceux qui souhaitent gagner à long terme.

Selon ces principes, comment pouvez-vous accroître votre chance ? Tout simplement en adoptant le comportement des chanceux. Si vous n'arrivez pas à supposer d'entrée de jeu que les gens seront aimables avec vous et accueillants, utilisez vos talents de visualisation. Imaginez la rencontre avant qu'elle ait lieu. Représentez-vous une personne souriante, accueillante. Elle dispose peut-être de l'information dont vous avez besoin, elle connaît peut-être des gens qui pourraient vous permettre de réaliser vos rêves. Détendez-vous, souriez et lancez-vous !

Le degré d'optimisme

Selon Martin Seligman, dans certaines professions, faire preuve d'un grand optimisme est un gage de succès, tandis que pour d'autres, il paraît plutôt important de faire preuve d'un optimisme modéré.

Optimisme débordant : vente, courtage, relations publiques, comédie, création, milieux de travail très concurrentiels.

Optimisme modéré : évaluation des coûts, design de la sécurité d'un milieu de travail, négociation, contrôle financier et comptabilité, rédaction technique, médiation.

Dans tous les cas, l'optimisme demeure préférable au pessimisme. Il faut donc envisager l'avenir de manière positive.

Résumé

La manière dont vous percevez l'avenir a un effet direct sur celui-ci. Votre attitude et vos attentes sont garantes de la qualité de ce que vous vivrez plus tard. Si vous êtes optimiste, votre avenir sera positif et vous serez considéré comme chanceux.

Pour entrevoir l'avenir, les chanceux adoptent trois attitudes caractéristiques : ils s'attendent à ce que leur vie se déroule bien ; se lancent dans les projets qui leur tiennent à cœur parfois en dépit de faibles chances de succès ; et ils s'attendent à la bienveillance d'autrui.

Apprenez à envisager votre avenir de façon positive.

En prime

~

Je vous trouve de plus en plus chanceux ! Encore une fois, en cette fin de chapitre, une prime est au rendez-vous. Qu'obtiendrez-vous si vous apprenez à voir l'avenir de façon positive ? Il s'agit de la plus généreuse prime offerte dans ce livre : l'espoir d'une vie plus longue et d'une meilleure santé.

La recherche tend à prouver que les optimistes vivent plus longtemps et sont moins malades que les pessimistes. Envisager l'avenir de façon positive renforce le système immunitaire et élève le niveau de bonheur. À l'inverse, la dépression, qui touche ceux qui se préfigurent l'avenir en noir, affaiblit le système immunitaire et réduit le niveau subjectif de bonheur. Deux expériences illustrent parfaitement ces assertions.

Dans l'une d'elles, on a pris des chiens en bonne santé et l'on a effectué sur eux des prélèvements (sang, lymphe, etc.) afin d'étudier leur métabolisme. Par la suite, on a mis ces chiens dans des cages conçues pour les rendre dépressifs.

Comment rendre un chien dépressif ?

On le met dans une cage dont le plancher est constitué de deux plaques métalliques qu'on électrifie de façon aléatoire. Au début, le chien saute d'une plaque à l'autre pour éviter les chocs. Cependant, au bout d'un certain temps, il conclut que c'est peine perdue : il se couche dans un coin et se contente de geindre au lieu de réagir quand il sent les chocs électriques (les « malchances »).

Une fois les chiens rendus dépressifs, on a répété les tests afin de voir si l'état mental des animaux avait modifié leur métabolisme. Leur système immunitaire était effectivement fortement altéré ; les chiens auraient pu attraper n'importe quelle maladie. De plus, ils n'auraient pas tenté de combattre s'ils avaient été attaqués. Leur espérance de vie en était donc fortement réduite.

Pour des raisons éthiques, il aurait été difficile de procéder à la même expérience sur des êtres humains. Il a donc fallu s'y prendre autrement pour établir un lien entre l'attitude générale devant la vie et la longévité des êtres humains.

Une recherche a été entreprise dans un couvent des Sœurs de Notre-Dame de Milwaukee. En 1932, cent quatre-vingt jeunes femmes y ont prononcé leurs vœux et sont devenues religieuses. Pendant les décennies suivantes, elles ont mangé la même nourriture, accompli les mêmes tâches, respiré le même air, vécu dans les mêmes conditions. Théoriquement, elles avaient donc la même espérance de vie.

Avant de prononcer ses vœux, chacune devait écrire une lettre racontant ce qu'avait été sa vie jusque-là et expliquant pourquoi elle souhaitait devenir religieuse. Plusieurs de ces lettres respiraient le bonheur : leurs auteures y déclaraient qu'elles avaient eu une belle vie et qu'elles voulaient maintenant redonner à la communauté une partie de ce qu'elles avaient reçu. D'autres avaient des propos plus sombres : leur vie avait été misérable et, si elles voulaient devenir religieuses, c'était justement pour éviter que cela continue. Elles prononçaient leurs vœux pour fuir une existence qui ne leur plaisait pas.

Des décennies plus tard, on a divisé les lettres en quatre piles : les novices très heureuses, les heureuses, les malheureuses et les très malheureuses. Puis, on est allé constaté ce qu'il était advenu d'elles.

Les résultats ont permis de découvrir que 90 % des plus heureuses étaient vivantes à 85 ans contre seulement 34 % des plus malheureuses.

De même, 54 % des plus heureuses étaient vivantes à 94 ans, tandis que seulement 11 % des plus malheureuses l'étaient. Et, il est également intéressant de remarquer que les plus heureuses, tout au long de leur existence, avaient été malades bien moins souvent que les plus malheureuses.

En plus de devenir plus chanceux et d'atteindre plus rapidement et plus aisément le succès, vous avez maintenant la possibilité de vivre mieux et plus longtemps !

Nourrissez votre réseau de contacts

« Il n'y a pas de choses non intéressantes.
Il n'y a que des gens non intéressés. »
François de La Rochefoucauld.

Beaucoup de mythes entourent les personnes qui ont réussi, par exemple celui de l'entrepreneur à succès, « qui s'est fait tout seul ». On dit souvent de ces gens qu'ils ont réussi malgré l'adversité et qu'ils méritent notre admiration pour ce qu'ils ont enduré afin de faire prévaloir leurs idées. On les élève en héros, on les cite comme exemples, on recommande aux jeunes de les prendre comme modèles.

N'avalons plus de couleuvres ! Quels messages cela transmet-il aux jeunes ? Que les plus méritants sont ceux qui ont réussi sans aide ? Que l'on devrait avoir honte d'obtenir du succès en ayant recours aux autres ? Qu'il vaut mieux connaître l'échec seul plutôt que le succès en groupe ?

Le pire, c'est que ces histoires sont souvent fabriquées de toutes pièces. L'exemple de Thomas Edison est souvent cité. On nous le dépeint travaillant seul dans un laboratoire sombre. On insiste sur le fait qu'il a connu 999 échecs avant d'inventer l'ampoule électrique. En réalité, il n'était absolument pas seul : une équipe de scientifiques travaillait avec lui.

Le succès se bâtit en misant sur un juste équilibre entre l'effort individuel et le soutien du réseau de contacts. Les chanceux l'ont compris. Ils n'hésitent pas à demander de l'aide autour d'eux. Ils n'ont pas l'impression que cela fait d'eux des perdants et n'en ressentent aucune honte. Ils ne s'empêchent pas de réussir sous prétexte que le succès se réalise en solo.

Ceux qui réussissent s'entourent de personnes qui partagent leur vision et qui les complètent sur le plan des connaissances, des habiletés ou de la personnalité. Ils n'hésitent pas à demander un coup de main, même s'ils n'ont rien à offrir en échange. Un travailleur autonome a besoin des autres pour voir son entreprise prospérer ; un chef d'État requiert une éminence grise. Nul n'est une île...

Celui qui ne se fie qu'à lui-même n'a accès qu'à une fraction des contacts, des connaissances et des compétences dont il pourrait bénéficier. Il se condamne à répéter les erreurs que d'autres ont commises, et même, à échouer.

Ce qu'en dit la science

La clé de l'évolution biologique est la spécialisation des organes ou des membres. Grâce à elle, les organismes sont devenus pluricellulaires. La clé de l'évolution économique est également la spécialisation. Il est prouvé qu'une nation est plus productive si ses citoyens réalisent les tâches pour lesquelles ils ont les meilleures aptitudes. Cependant, la spécialisation implique l'interdépendance et, également, une certaine vulnérabilité.

La contre-productivité paradoxale

La complexité et la spécialisation ont des limites. À force de se complexifier, les organisations perdent souvent de vue leur mission. Ce faisant, elles se mettent à consommer davantage de ressources et à produire moins. Ainsi, un système de santé peut produire des malades, et un système d'éducation, des cancres. Pour en savoir davantage à ce sujet, lisez le premier chapitre de l'ouvrage *La simplicité involontaire*.

La biologie et l'économie ne sont pas les seules concernées : les sciences pures nous enseignent elles aussi que l'univers entier repose sur les relations et que, sans la force d'attraction, il n'existerait pas. Le monde tel que vous le percevez dépend de l'attraction, et ce que vous considérez comme des frontières (entre votre corps et l'extérieur, par exemple) n'existe pas vraiment. Pour que le monde perdure, l'énergie doit être constamment en mouvement. Les électrons, par exemple, sautent sans cesse d'un atome à un autre. Ainsi, la matière évite de s'enfoncer dans l'entropie et la vie peut continuer.

Dans l'univers, tout est en relation. C'est une condition *sine qua non* pour continuer à vivre. L'individu lambda qui tenterait d'exister sans aucun échange disparaîtrait aussitôt.

La situation est la même dans l'univers humain. Celui qui avance seul se condamne à une vie plus difficile et atteindra des sommets moins élevés que celui qui est ouvert et sait se fier aux autres. Nous avons constaté, au chapitre précédent, que les chanceux acceptent d'emblée les personnes

63

qu'ils rencontrent, même si celles-ci sont différentes d'eux. Ils ont compris que cette différence ne peut que leur être profitable.

Les chanceux entretiennent un large réseau de contacts

Selon la théorie des types psychologiques, dès qu'un humain vient au monde, il a une préférence quant à la dimension vers laquelle il se tournera chaque fois qu'il aura envie de se remplir d'énergie.

• Certains se tournent vers l'extérieur. Ils ont besoin de communiquer avec ce qui les entoure. Ils cherchent le contact avec des choses (jardinage, bricolage, etc.) ou des personnes. Selon la typologie de Carl Gustav Jung, ces personnes sont extraverties. Pour elles, le simple fait de rencontrer des gens quand elles se sentent déprimées les réconforte et leur redonne de l'énergie. Elles ont besoin de se sentir connectées.

• À l'opposé, certains se tournent vers l'intérieur d'eux-mêmes quand ils ont besoin de faire le plein d'énergie. Ce sont les introvertis (Jung). Quand ils se sentent à plat, ils rechargent leurs batteries en passant une soirée tranquille à lire, loin des rencontres sociales. Ils méditent, réfléchissent, puis ils se sentent mieux.

Ce qui donne de l'énergie aux extravertis mine les introvertis, et vice versa. La diversité humaine n'est-elle pas merveilleuse ?

Au cours de sa recherche, le docteur Wiseman a découvert que les extravertis sont généralement plus chanceux que les introvertis. Ils ont plus tendance à s'ouvrir aux autres, à aller vers eux. Dans bien des cas, cela leur permet de créer leur chance. En fait, sur l'échelle de l'extraversion, les chanceux obtiennent en moyenne un score de trente-quatre, tandis que le score moyen des malchanceux est de vingt-sept.

Être introverti condamne-t-il à la malchance ?

Non. La théorie des types psychologiques parle plutôt de préférences. Même si vous êtes introverti, vous pouvez adopter des habitudes qui vous permettront d'entretenir et d'agrandir votre réseau de contacts. Les premiers temps, ces astuces vous paraîtront difficiles à mettre en œuvre mais, si vous y parvenez, vous éprouverez une grande satisfaction et augmenterez votre chance. N'allez pas croire que je tente de vous faire plaisir : je suis moi-même introverti...

Pourquoi l'extraversion amène-t-elle une plus grande chance ? Pour des raisons mathématiques, tout simplement ! Un être humain connaît en moyenne 250 personnes. Ainsi, quand vous me serrez la main, vous détenez potentiellement la chance (si vous êtes suffisamment sympathique et que vous savez me pousser à vous aider) d'être mis en contact avec 250 personnes.

Si ces 250 individus en connaissent 250 chacun, vous voici, à deux poignées de main seulement, en contact avec 62 500 personnes susceptibles de vous permettre d'atteindre vos objectifs. Imaginez que ces 62 500 individus en connaissent aussi 250 chacun. Vous êtes maintenant en contact avec 15 625 000 personnes. Imaginez les avantages que vous pouvez tirer d'un tel réseau, même s'il n'est que légèrement enclin à vous aider !

À l'inverse, en évitant quelqu'un, vous vous privez de 250 contacts, qui pourraient à leur tour vous mener à 62 500 personnes. Bref, si vous ignorez un individu parce que vous n'aimez pas son apparence ou la consonance de son nom, vous vous tirez dans le pied. Êtes-vous à ce point désireux de miner vos efforts de réussite ?

La personne qui n'enrichit pas son réseau se prive de tous ces contacts et doit ensuite les dénicher un par un. Quelle perte de temps ! Ne vaut-il pas mieux vous fier à un réseau solide, capable de repérer rapidement les gens (clients, amoureux, fournisseurs, experts, etc.) susceptibles de vous aider ? Je crois que si !

Les personnes de votre réseau ne sont évidemment pas toutes disposées à vous rendre service. Cependant, comme nous l'avons vu au chapitre précédent, leur désir de le faire dépend largement de vos attentes. Si vous pensez que ces personnes sont bienveillantes, certaines d'entre elles pourraient vous accorder leur soutien.

La réciprocité

Il faut semer pour récolter. Si vous voulez que les gens vous aident, soutenez-les chaque fois que cela vous est possible. L'être humain a une tendance à la réciprocité : si vous rendez service à quelqu'un, il aura envie de vous renvoyez l'ascenseur.

Soyez donc à l'affût des besoins des autres. Aidez-les à réaliser leurs rêves. Faites-le par plaisir, sans rien attendre en retour. C'est la meilleure manière de semer.

Comment pouvez-vous, chaque jour, continuer à élargir votre réseau de contacts ? Dans un premier temps, sortez ! Ce n'est pas en restant chez vous que vous croiserez votre prochain patron, votre prochain amoureux ou votre prochain client. Rencontrez des gens : chacun peut vous mener à 250 nouveaux contacts.

Dans un deuxième temps, cessez d'ignorer les gens que vous croisez chaque jour. Vous ne savez pas de quelle manière ils peuvent contribuer à votre succès. Contentez-vous de leur sourire en les saluant. Puis, au fil du temps, dites-leur bonjour. Chaque nouveau contact en entraînera un autre, et vous finirez par trouver la communication facile et agréable.

Dans un troisième temps, faites s'épanouir votre réseau. Dans les événements mondains, par exemple, ne vous tenez pas toujours avec les mêmes invités. Donnez-vous des défis. Dites-vous que vous discuterez aujourd'hui avec tous les hommes qui portent une cravate bleue ou avec toutes les femmes qui ont un vêtement rouge. Et faites-le !

Finalement, apprenez à côtoyer les gens pour le seul plaisir d'être en leur présence. Apprenez à les aimer pour ce qu'ils sont et non pas pour ce qu'ils pourraient vous permettre d'obtenir. Ils sont uniques et, si vous respectez et appréciez leur unicité, ils vous rendront la pareille.

Les chanceux attirent les autres

Imaginez que vous êtes perdu dans une grande ville et que vous avez à demander votre chemin. Près de vous se trouvent une dizaine de personnes. Vers qui vous tournerez-vous pour demander de l'aide ? Sur quels critères vous baserez-vous ? Allez-vous demander au premier venu ou choisirez-vous plutôt une personne qui vous attire sans que vous sachiez vraiment pourquoi ?

Laissez-moi répondre à votre place. Vous n'irez pas vers les gens qui paraissent pressés ou préoccupés, ni vers ceux qui ont l'air en colère ou qui semblent ruminer quelque noire pensée. Vous ne vous dirigerez pas non plus vers ceux qui semblent vivre une peine intense.

Vous irez vers ceux qui vous inspirent le moins de crainte, vers des personnes souriantes et détendues qui n'ont pas l'air fermées et qui donnent l'impression de vous attendre. Le docteur Wiseman a découvert que les chanceux sourient deux fois plus souvent que les malchanceux, qu'ils établissent plus de contacts visuels et qu'ils adoptent trois fois plus souvent des postures d'ouverture.

Et les chanceux font bien plus qu'attirer les autres : ils sont passés maîtres dans l'art de les retenir, car ils les charment. Les gens se sentent bien auprès d'eux et ont envie de leur faire plaisir.

——— Le charme est-il inné ? ———

Absolument pas. Il existe, certes, des gens qui semblent plus charmants naturellement, mais tous peuvent le devenir. Il suffit de le décider et d'acquérir quelques habiletés interpersonnelles. Pour en savoir davantage à ce sujet, lisez *Comment charmer vos clients*, qui vous servira tout autant si vous comptez charmer un éventuel partenaire de vie.

Le charme est un outil hors pair pour ceux qui ont à cœur de réussir. S'il y a un aspect de la vie qui semble injuste, c'est bien le traitement qu'on réserve aux gens charmants : on leur accorde des passe-droits, des délais qu'on n'accorderait pas aux autres. On accepte d'eux des travaux qu'on refuserait s'ils avaient été faits par des personnes qui le sont moins.

Qu'est-ce qui fait qu'une personne est considérée comme charmante ? Vous devez répondre à cette question si vous souhaitez le devenir. La réponse est des plus simples : soyez facile d'approche et, une fois que vous êtes en contact avec une personne que vous désirez charmer, offrez-lui ce qu'elle désire le plus.

Qu'est-ce que les gens souhaitent le plus ? Se sentir importants. Ils craignent les accrocs à leur amour-propre ou à leur estime d'eux-mêmes. Si vous faites grandir leur estime personnelle, ils vous trouveront charmants, éprouveront des difficultés à vous quitter, auront hâte de vous retrouver et vous rendront service pour la simple joie de vous plaire.

Comment faire en sorte que les gens se sentent importants en votre présence ?

Soyez attentif

Quand vous conversez avec quelqu'un, imaginez qu'un mur ou une bulle vous sépare du reste du groupe. Observez votre interlocuteur. Ne laissez pas votre regard errer ; vous donneriez l'impression d'être à la recherche de quelqu'un d'intéressant ! Et ne consultez pas votre montre ; vous donneriez l'impression d'avoir hâte que la conversation se termine.

Écoutez davantage que vous ne parlez

Quand vous buvez les paroles de l'autre, vous lui montrez que ses propos sont très intéressants et que vous souhaitez en savoir plus. Encouragez-le. Posez des questions montrant votre intérêt et qui orientent la discussion.

Souriez !

Ainsi, vous communiquerez à l'autre que vous appréciez sa présence et que vous l'acceptez tel qu'il est. Les gens sont à l'affût de signaux leur confirmant qu'ils sont perçus positivement. Cela renforce leur sentiment de valeur personnelle et leur estime d'eux-mêmes.

Pour montrer à l'autre que vous l'acceptez, hochez également la tête pendant qu'il parle ou penchez-vous légèrement vers lui, comme pour mieux l'écouter.

Remerciez votre interlocuteur chaque fois qu'il le mérite

Il est venu à votre rescousse alors que vous faisiez face à un client difficile ? Remerciez-le. Il vous a ouvert la porte quand vous aviez les bras chargés ? Montrez-lui votre reconnaissance. Il a pensé à vous apporter un café à la fin de la pause ? Remerciez-le. Il vous a sauvé pendant la réunion en intervenant alors que vous ne saviez pas quoi répondre à une question délicate ? Dites-lui merci.

Les remerciements peuvent prendre de nombreuses formes. On peut évidemment citer les remerciements verbaux, mais vous pouvez tout

---

aussi bien expédier une note, des fleurs, un courriel, etc. Ne vous censurez pas, mais ne remerciez pas non plus hors de proportion : l'autre aurait l'impression de vous devoir quelque chose.

Repérez les qualités de votre interlocuteur

Cela renforcera son impression que vous l'appréciez et modifiera de façon positive son attitude à votre égard. Il ressentira encore davantage de plaisir à vous côtoyer. De plus, à force de trouver des vertus à votre interlocuteur, vous finirez par l'aimer davantage. L'autre le sentira, et vous le fascinerez encore plus.

Sachez admirer l'autre

Les êtres humains ont tous réalisé de grandes choses. Ils ont tous traversé des crises qui auraient pu les mettre en lambeaux. Pour découvrir des raisons d'admirer votre interlocuteur, il vous suffit de lui poser les bonnes questions. Quand vous aurez trouvé des motifs pertinents, faites-lui-en part : « Mais comment avez-vous trouvé la force de continuer jusqu'à ce que ça fonctionne ? Vous devez être fier de vous ! »

Je n'aime pas manipuler

Il ne s'agit pas de manipulation. Je ne vous ai pas conseillé de mentir ni de faire semblant. Je vous ai simplement déclaré que toutes les personnes que vous rencontrez méritent d'être admirées, même si vous ne savez pas encore pourquoi. Partez donc en quête de ce « pourquoi » et restez authentique !

Si vous devenez plus charmant, vous en retirerez rapidement autant de plaisir que vous en provoquerez chez l'autre. Il devient très vite enivrant

© Groupe Eyrolles

70

d'être agréable à côtoyer, de faire plaisir, de se sentir considéré, de voir le visage des gens s'éclairer quand on arrive, de sentir que l'on est de plus en plus chanceux.

Les chanceux ne laissent pas leur réseau prendre la poussière

« Loin des yeux, loin du cœur », dit le dicton. C'est tout à fait approprié en ce qui concerne le réseau social. Les gens que vous arrêtez de voir cessent de penser à vous quand des occasions se présentent. Pour attirer la chance, un réseau doit donc être entretenu.

L'effet de récence

Selon le phénomène psychologique que l'on appelle « effet de récence », ce que vous avez vécu dernièrement influence votre évaluation globale d'une personne ou d'une situation, plus que le reste.

Ainsi, si vous évaluez un employé qui a un comportement exemplaire depuis un an mais qui a commis une erreur la veille, il est possible que cette dernière colore votre évaluation de façon beaucoup trop négative, car vous vous souvenez surtout d'elle.

De même, si vous jugez la qualité de votre union amoureuse, vous risquez de tenir davantage compte de la soirée sulfureuse que vous avez passée avec votre partenaire la veille, même si la relation va cahin-caha depuis des mois.

Il en va de même pour les membres de votre réseau. Si vous disparaissez trop longtemps, ils trouveront d'autres personnes à aider, des personnes avec qui ils seront entrés en contact récemment.

Le problème, c'est que vous êtes très occupé. Vous regardez la télé, vous conversez avec des proches dont vous connaissez tout. Le temps étant une ressource limitée, vous vous trouvez rapidement devant la nécessité d'accorder de la place aux activités agréables.

Que faites-vous en réalité ? Vous négligez les choses peu urgentes, mais qui n'en sont pas moins très importantes. Au lieu de vivre, vous vous mettez à éteindre des incendies. Au lieu de semer, vous vous concentrez sur les récoltes en cours et vous négligez la suivante...

Le fossé est considérable entre le fait de rencontrer une personne et celui de construire une relation durable avec elle. La rencontre n'exige que de la courtoisie ; la relation durable demande un investissement personnel soutenu. Il vous faut rester en contact avec l'autre, suivre sa vie à distance et lui faire savoir ce qu'il advient de la vôtre.

De combien d'amis avez-vous perdu la trace au fil du temps ? Combien de relations avez-vous laissé s'étioler ? Peut-être qu'une personne avec qui vous vous entendiez bien est maintenant responsable des achats dans une entreprise que vous rêvez de compter parmi votre clientèle. Peut-être que la personne dont vous étiez secrètement amoureux est aujourd'hui célibataire.

Prenez l'habitude de garder le contact. N'oubliez pas les anniversaires. Si vous apprenez qu'un membre de votre réseau vient de recevoir un prix, donnez-vous la peine de le féliciter. Si vous découvrez qu'une de vos connaissances vit une période difficile, demandez-lui ce que vous pouvez faire pour l'aider.

Vous pouvez également, une fois par semaine, appeler un client ou un ami que vous n'avez pas vu depuis au moins six mois. Demandez-lui comment il va et ce qu'il advient de sa vie. Prouvez-lui qu'il compte pour vous.

Un appel par semaine : je ne vous demande pas la lune ! Vous verrez que, si vous maintenez la cadence, la chance vous sourira de plus en plus.

Mais nous savons maintenant qu'il ne s'agira pas de chance : ce sera plutôt une mise en application de la loi des probabilités. Plus votre réseau actif sera étendu, plus grandes seront les possibilités d'y trouver une personne qui puisse vous être utile.

Fini le calcul utilitariste !

Ce type de calcul consiste en une vision comptable des relations inter-personnelles : je m'engage dans une relation si j'en retire au moins autant que j'y investis. Si j'y gagne, tant mieux, mais si j'y perds, j'y mets un terme. Le calcul utilitariste fait des ravages, tant dans les rapports amou-reux que dans les relations d'affaires.

Vous devez nourrir votre réseau de contacts dans le but d'y percevoir du plaisir ; c'est ainsi que fonctionne la chance. Dans un premier temps, choisissez consciemment de passer à un niveau supérieur. Vous savez que les gens qui nourrissent leur réseau de contacts y parviennent plus rapi-dement et plus facilement que les autres, alors poursuivez dans cette voie.

Lâchez prise. Ne vous attendez à rien dans l'immédiat. Ne raisonnez pas comme un comptable. Laissez la synchronicité jouer son rôle. Attendre des faveurs en échange de vos efforts relationnels vous rendrait anxieux et vous empêcherait d'être ouvert à ce que le monde peut vous offrir.

Vos interlocuteurs sentent quand vous êtes attentionné dans le but de recevoir quelque chose en échange. Pour laisser la chance agir, vous devez vous investir sans avoir d'attentes. Tout vous sera rendu au cen-tuple, mais pas nécessairement par la personne avec qui vous êtes gentil aujourd'hui.

Engagez-vous !

Ce que je viens de dire marque la différence entre la réciprocité spécifique et la réciprocité générale. Le fait d'attendre quelque chose en retour de vos actes vous amène à construire un monde contractuel et indifférent. C'est ce que nous vivons en Occident depuis une cinquantaine d'années.

Il vous est nécessaire de vous engager pleinement dans vos relations. Ainsi, la société devient plus solidaire et plus résiliente.

Résumé

L'être humain est un animal grégaire. Il a besoin d'appartenir à une communauté et il tire souvent de celle-ci les ressources nécessaires à son accomplissement. Plus vous connaissez de personnes, plus grandes sont les possibilités que quelqu'un puisse vous aider à réaliser un vœu.

Consciemment ou non, les chanceux nourrissent leur réseau de contacts : ils entretiennent un vaste réseau, ils attirent les gens par leur attitude accueillante et charmante, et ils ne laissent pas leurs relations s'empoussiérer. Ils investissent sans rien attendre en retour ; ils savent, de toute manière, que ce qu'ils donnent leur sera rendu.

Encore une fois, il n'y a rien de magique là-dedans. Si vous allez au-devant des gens, si vous tissez davantage de contacts que votre voisin, les possibilités que vous rencontriez une personne susceptible de changer votre vie et de vous faire passer à un niveau supérieur sont mathématiquement plus grandes. En nourrissant votre réseau de contacts, vous créez votre chance.

Mais je n'aime pas tout le monde !

Bien sûr, vous ne pouvez être du même avis que tous les gens que vous croisez. Plus vous en rencontrez, plus vous avez l'occasion d'être en désaccord avec eux. Cela ne devrait cependant pas avoir d'effet négatif sur votre chance.

Si vos opinions diffèrent de celles d'une personne, tentez de comprendre cette dernière plutôt que de la convaincre. Cherchez les éléments sur lesquels vous êtes d'accord. Efforcez-vous de suivre son raisonnement. Qui sait ? C'est peut-être elle qui a raison. Il n'est pas nécessaire d'arriver à un consensus. L'univers a besoin de chaos pour créer de l'ordre. Adaptez-vous et misez sur les éléments positifs de cette relation.

En prime

~

Qu'obtiendrez-vous en prime cette fois-ci ? Le fait de nourrir votre réseau de contacts vous procurera un filet social. Vous pourrez compter sur le soutien des vôtres quand le hasard vous jouera de vilains tours.

En effet, la vie n'est pas faite que de bons jours. Comme vous le verrez dans le prochain chapitre, elle réserve de mauvaises surprises aux chanceux comme aux malchanceux. Nul n'est à l'abri d'une perte d'emploi, d'une rupture amoureuse ou d'une maladie.

Qu'arrivera-t-il si vous devez vivre ces événements en solitaire parce que vous n'avez personne vers qui vous tourner ? Vous douterez de votre valeur, de votre capacité à vous remettre en selle, du réalisme de vos rêves. Vous pourriez attribuer la perte d'un emploi à votre incompétence ou une rupture amoureuse au fait que vous êtes un mauvais partenaire. Ce doute pourrait vous mener à l'isolement et à la dépression.

Parce qu'ils ont nourri leur réseau de contacts, les chanceux n'ont pas à traverser seuls ces événements. Ils visent l'authenticité dans leurs relations et osent donc partager avec leurs proches leurs craintes et leurs sombres pensées. Si vous avez permis à la chance de s'épanouir en vous, voici ce qui arrivera :

- Les membres de votre réseau remettront vos craintes en question. Vous retrouverez votre équilibre et préserverez votre estime personnelle.

- Vos proches vous pousseront à l'action en vous suggérant des moyens de vous reprendre en main.

- Ils utiliseront leurs propres réseaux pour vous aider à trouver un nouvel emploi, un nouveau partenaire de vie, des soins médicaux appropriés, etc.

- Ils vous entoureront afin de vous éviter d'entretenir des pensées noires.
- Sachant que vous vivrez inévitablement des moments difficiles, pouvez-vous vous priver d'un bon réseau social ? Non. Commencez donc dès aujourd'hui à nourrir votre réseau de contacts.

Contextualisez les obstacles

« Si vous avez commis des erreurs, même graves, vous aurez toujours une seconde chance. Ce qu'on appelle l'échec n'est pas la chute, mais le fait de rester à terre. »

Mary Pickford.

En 1991, je croyais ma vie tracée pour les trente ans à venir. J'étais directeur général d'une entreprise spécialisée en développement résidentiel, et les affaires allaient bien. Puis, le propriétaire de la compagnie est décédé sans assurance vie ni planification successorale. L'impôt a été le principal héritier. Ainsi, j'ai perdu mon emploi et mes projets. Des conflits ont éclaté dans l'entreprise, et j'ai dû la quitter.

Cet événement m'a-t-il laissé un goût amer ? Pas du tout. Je pense même que ça a été une bénédiction pour moi. Au cours de cette période tourmentée, j'ai compris que ce qu'on croit immuable peut disparaître n'importe quand et, donc, qu'il vaut mieux faire quelque chose que l'on aime. Je suis devenu auteur et conférencier, deux rêves d'enfance. La vie m'a bien servi.

Dans les années 1980, le chanteur Charles Aznavour a eu des démêlés avec le fisc. On lui réclamait une petite fortune, qu'il a dû payer. Peu après cette mésaventure, un journaliste lui a demandé ce qu'il retenait de cette expérience. Voici ce qu'il a répondu : « Au fond, on m'a rendu service. On m'a permis de mettre de l'ordre dans mes affaires. J'avais trop de maisons. Je ne savais plus ce que je dépensais. »

Il y a deux ans, une de mes amies a appris, de la bouche même de celui qui était son époux depuis presque vingt ans, qu'il la quittait. Elle s'est sentie démolie. Toutes ces années à travailler à un couple qui n'existerait bientôt plus ! Pour elle, c'était la fin du monde. Je lui ai récemment demandé si elle en voulait toujours à son ex-mari. Voici sa réponse : « Si j'avais su à ce moment-là que je trouverais rapidement un compagnon aussi emballant dans la vie qu'au lit, je l'aurais remercié ! Je ne me suis jamais sentie aussi vivante. Dans ton livre, dis-lui qu'il m'a rendu un grand service ! »

J'aurais pu me dire que c'en était fini de mes projets et passer dix ans à regretter le bon vieux temps. Aznavour aurait pu décider de réduire ses semaines de travail afin de payer moins d'impôt (remarquez qu'il a trouvé mieux : il vit désormais là où le fisc est moins gourmand !). Mon amie aurait pu se dire qu'elle avait été abandonnée parce qu'elle ne valait pas grand-chose et que cela ne servirait à rien de partir en quête d'un nouveau partenaire amoureux.

Quand la vie change soudainement la donne et que vous perdez votre équilibre, vous pouvez tirer le meilleur de ce qui vous reste ou vous complaire dans les gémissements. Selon l'option que vous choisissez, vous deviendrez plus chanceux ou plus malchanceux.

Ce qu'en dit la science

Vous aimeriez peut-être que la vie soit « un long fleuve tranquille », mais cela ne fait pas partie des options. Comme le monde, l'existence humaine repose sur le chaos. Vous trouverez votre vie fort longue si vous n'aimez ni le changement ni les contretemps.

En vérité, le changement est l'état normal du monde. À l'échelle subatomique, par exemple, tout se transforme. Comme le dit Charlotte Shelton : « Le monde quantique en est un de mouvement perpétuel. Les photons passent de l'état de particules à celui d'ondes. L'énergie se transforme brièvement en matière pour se dissoudre à nouveau dans le champ énergétique dont elle a émergé. Ces changements, bien qu'imprévisibles, ne peuvent être attribués au seul hasard. » Ils suivent une direction qu'on ne parvient pas encore à définir.

Si vous prenez un peu de recul, vous vous rendrez compte que votre vie suit inexorablement son cours vers la réalisation de vos vœux. Pour ma part, mon aventure dans le milieu du développement résidentiel n'a été qu'un détour dans une vie qui me prédestinait à faire ce que je fais aujourd'hui. Je n'ai pas connu de véritable crise, mais un ajustement axé sur mes attentes. Mon amie, quant à elle, était destinée à trouver un partenaire avec qui elle serait heureuse. Sa relation de vingt ans avec un autre n'a été qu'un long hiatus…

Ce qui vous semble du désordre n'en est donc pas nécessairement. La vie vous mène là où vous souhaitez aller. Si elle paraît vous mener vers un endroit que vous n'appréciez pas, c'est peut-être simplement que vous n'avez pas encore formulé d'intention et que vous laissez le hasard choisir votre destination. C'est un comportement fréquent.

La vie est-elle facile ?

Oui, la vie est facile si vous lui faites confiance. En revanche, si vous tentez de la maîtriser, elle vous échappe inévitablement. Elle n'a pas l'esprit de contradiction : simplement, elle ne suit pas le chemin que vous souhaiteriez lui voir prendre. Elle vous mène où vous désirez vous rendre, mais en suivant l'itinéraire qui lui plaît.

Tout au long de ce trajet, apparaissent des embuscades, des déceptions, des accidents et des problèmes qui semblent insolubles. C'est ainsi, et il ne peut en être autrement. Tout le monde doit vivre des événements difficiles, y compris vous-même. De cette manière, vous devenez plus fort, plus apte à relever les défis inhérents aux niveaux supérieurs auxquels vous voulez accéder.

Le pire qui puisse arriver à un être humain, c'est de penser que les obstacles qui se dressent entre lui et ses rêves sont injustes, qu'ils ne devraient pas exister parce que son plan ne les prévoit pas.

Je le répète, vous pouvez décider de votre destination, mais la vie choisit votre itinéraire. Et il est presque certain qu'elle vous réserve des surprises.

En grande partie, ce qui distingue les chanceux des malchanceux est leur réaction devant les obstacles qui se dressent entre eux et la réalisation de leurs rêves.

Parlons portes

Les chanceux croient au dicton selon lequel chaque fois qu'une porte se ferme, une autre s'ouvre. Ils sont persuadés que ce qui leur semble un malheur les aidera à long terme. Et ils n'ont pas tort.

Si je n'avais pas perdu mon travail en 1991, je n'aurais jamais pu me lancer dans la carrière que j'ai actuellement. Je n'aurais pas réalisé mon rêve de jeunesse : écrire et communiquer des idées et des pratiques.

Si mon amie ne s'était pas fait plaquer par son ex-mari, elle serait encore avec lui et vivrait une existence fade, sans grand plaisir. Cet événement malheureux a été le précurseur d'une vie qu'aujourd'hui elle adore.

Parlez aux gens qui ont perdu leur emploi il y a huit ou dix mois. La majorité ont traversé une période difficile au cours de laquelle ils ont douté de leur valeur et de leurs compétences, mais la plupart vous diront aujourd'hui que cette perte d'emploi les a finalement bien servis.

Quand un événement malheureux se produit, les chanceux ont tendance à adopter le raisonnement suivant : « Une porte vient de se fermer. Quelle porte s'ouvrira bientôt pour moi ? » L'idée qu'il y aura bientôt de nouvelles occasions les rend plus réceptifs. Ils savent qu'ils recevront un cadeau, mais ils ignorent d'où il viendra.

J'aimerais vous proposer trois astuces grâce auxquelles vous acquerrez cette façon de réagir face aux éléments irritants de la vie.

Voyez le bon côté des choses

Quand vous vivez une situation désagréable, vous demandez-vous ce qui peut en sortir de bon ? Pour répondre à cette question, laissez aller votre imagination.

- Pensez aux New-Yorkais qui, pris dans la circulation du matin, n'ont pas pu arriver à l'heure au travail le 11 septembre 2001. Peut-être étaient-ils en colère, mais ils se sont sûrement estimés chanceux quand ils ont vu les tours s'écrouler et qu'ils ont réalisé que l'embouteillage leur avait probablement sauvé la vie.

- Imaginez l'étudiant qui, parce qu'il s'est trompé d'autobus, s'assoit à côté d'une jeune fille qui deviendra l'amour de sa vie. Cela donne envie de prendre le mauvais autobus, juste pour voir...

De la même manière, votre situation actuelle, si irritante soit-elle, est peut-être le présage de quelque chose de merveilleux.

Revenez sur votre passé

Remémorez-vous les principaux événements négatifs de votre existence et demandez-vous ce qui en est ressorti. Vous réaliserez probablement qu'ils se sont, à leur manière, avérés être des bénédictions déguisées. Faites le test !

Jouez à la Bourse

Investissez-vous, à l'occasion ? Si tel est le cas, vous arrive-t-il de visiter des sites Web vous permettant de créer des graphiques qui illustrent le cours d'une action dans le temps ? Commencez par afficher des tracés montrant la ou les deux dernières semaines d'activité du titre. Vous remarquerez que les changements sont quelquefois énormes d'une journée à une autre.

Ensuite, affichez les graphiques des deux ou trois dernières années. Vous constaterez que le titre suit une trajectoire relativement constante. Conclusion : si vous élargissez votre horizon temporel, les incidents quotidiens perdent de leur importance.

Cela pourrait être pire

L'être humain, pour prendre des décisions, fait constamment des comparaisons. Êtes-vous content de votre salaire ? Pour le savoir, vous aurez tendance à le comparer à celui d'autres travailleurs. Si quelqu'un gagne moins que vous, vous vous estimerez satisfait de votre salaire. À l'inverse, si vous le comparez à celui d'une personne qui gagne trois fois plus que vous, vous en serez mécontent.

De même, si vous apprenez que, dans votre service, vous êtes l'employé le moins bien payé, vous serez très insatisfait, et ce, même si vous gagnez

CONTEXTUALISEZ LES OBSTACLES

deux fois plus qu'une personne occupant le même poste chez votre concurrent.

Il en va de même pour le malheur. Quand les chanceux subissent un mauvais coup du sort, ils se comparent à des gens plus malheureux qu'eux. Quant aux malchanceux, ils se comparent à des personnes dont le sort est plus enviable.

L'herbe est-elle toujours plus verte chez le voisin ?

Faites attention quand vous vous comparez avec quelqu'un dont la situation semble plus enviable que la vôtre. Vous ne connaissez pas toute son histoire. Vous ne savez pas ce qu'il vit réellement. Ne vous laissez jamais démoraliser par une comparaison axée sur un seul critère.

Travaillez plutôt pour améliorer votre situation. Comme le dit si bien Brian Tracy : « l'herbe n'est pas plus verte chez le voisin ; elle est plus verte là où on l'arrose ».

J'ai connu il y a trois ou quatre ans un entrepreneur qui sombrait lentement dans une grave dépression. Tout semblait bien aller pour lui, mais il se comparait à un chef d'entreprise à succès dont le salaire était cinq fois supérieur au sien. Chaque semaine, il le voyait s'acheter des gadgets, alors que lui-même n'avait pas les moyens de se les procurer ; plusieurs fois par an, l'autre s'accordait des vacances que lui-même n'avait pas les moyens de s'offrir. À chacune de ces occasions, il doutait un peu plus de sa valeur et se rapprochait un peu plus de l'aile psychiatrique de l'hôpital.

Quand survient un désagrément, dites-vous que votre situation pourrait être pire et trouvez un exemple corroborant cette affirmation. Vous êtes pris dans un embouteillage ? Ça pourrait être un carambolage. Vous avez un rhume ? Ça pourrait être un cancer. Remerciez la vie de vous épargner. Vous venez d'avoir un accident ? Il n'y a que de la tôle froissée, personne n'est blessé. Soyez reconnaissant envers le concepteur de l'habitacle de votre automobile. Votre enfant a des difficultés d'apprentissage et prend du retard dans son programme scolaire ? Devenez bénévole dans un Centre médico-psycho-pédagogique (CMPP), vous relativiserez.

Le problème qui vous irrite est-il vraiment important ? Va-t-il vous affecter de façon significative ? Sera-t-il encore important dans un an, un mois, une semaine ou même demain ? Il ne sert à rien d'élever au rang de catastrophe un incident somme toute mineur. Apprenez à faire la part des choses.

Pourquoi ? Parce que lorsque vous abordez les revers avec une attitude négative, vous avez tendance à conclure que votre situation est injuste et que le destin s'acharne sur vous. Cela vous convaint que vous ne maîtrisez pas vraiment votre vie, que celle-ci est le résultat de forces extérieures. Cela diminue le sentiment de contrôle dont vous avez besoin pour vous sentir bien et faire grandir votre estime personnelle. Vous amoindrissez considérablement votre chance.

Ne ruminez pas

Êtes-vous capable de lâcher prise une fois qu'un événement malheureux s'est produit dans votre vie ? Les chanceux le peuvent. Les malchanceux ont plutôt tendance à ruminer et, ce faisant, à donner à l'événement plus d'importance qu'il n'en a.

- Je connais un ingénieur qui a perdu son emploi il y a deux ans. Il n'en a pas trouvé de nouveau depuis, car il passe ses journées à râler après

© Groupe Eyrolles

son ancien employeur et à expliquer à tout le monde que son licenciement était injustifié. Au cours des rares entretiens qu'il réussit à décrocher, il peste plusieurs minutes contre son ancien employeur et contre la manière cavalière dont on l'a remercié. Croyez-vous que je m'arrête pour discuter avec lui quand je passe devant sa maison ? Pas du tout. Je n'ai pas envie d'entendre une nouvelle fois la série de tous ses malheurs !

• Je connais un homme que sa partenaire a quitté l'an dernier à la suite d'une crise conjugale d'une ampleur que j'ai rarement vue. Depuis, il passe ses journées à raconter qu'elle lui a été infidèle, que c'est une vache et que les femmes ne méritent pas la confiance qu'on leur accorde. Des amis lui ont organisé quelques rendez-vous galants, mais au cours de ces rencontres, il n'a fait que critiquer amèrement son ex. Très intéressant comme futur partenaire ! Comment voulez-vous, dans ces conditions, qu'il rencontre de nouveau quelqu'un ?

Quand vous ruminez, vous restez prisonnier d'un moment désagréable. Cela vous empêche de contempler l'avenir que vous pourriez créer, cela vous empêche de passer à un niveau supérieur et dessert votre réseau de contacts. En effet, les gens n'aiment pas côtoyer une personne qui fait naître en eux des émotions négatives. En ruminant, vous nuisez à votre chance et à votre bonheur.

Tirez des leçons de vos épreuves

La meilleure manière de tirer un trait sur une expérience désagréable et de passer à autre chose consiste à en tirer une leçon qui la fait passer pour une bénédiction. Le ressentiment et la colère laissent alors place à la gratitude.

Mon ingénieur pourrait repenser à son licenciement en évoquant la chance qu'il a eue de faire le point sur sa carrière et de lui donner un nouvel élan.

Mon ami pourrait se rappeler sa rupture en se disant qu'ainsi la vie lui a offert une nouvelle chance d'être heureux.

Tout est une question de perspective. Ce n'est pas drôle d'avoir froid l'hiver au Québec, mais cela permet d'éviter les maladies tropicales !

La prochaine fois que vous ressasserez un incident regrettable, occupez-vous autrement. Allez au cinéma, faites de l'exercice. Rappelez-vous les événements heureux de votre passé. Écoutez la musique qui vous fait vibrer ou allez dîner avec une personne que vous appréciez.

Le passé appartient au passé. Vous vivez dans le présent. En vous accrochant à un événement qui n'existe plus, vous vous empêchez de savourer l'instant présent et de créer un avenir à l'image de vos intentions. Vous vous empêchez de passer à un niveau supérieur !

Modifiez vos comportements

Un revers ne constitue pas un échec s'il vous permet d'aller plus loin. Il est désagréable qu'un événement imprévu vous éloigne de la réalisation de vos projets, mais s'agit-il vraiment d'un échec ?

Il existe une grande différence entre un échec et une occasion d'apprentissage. Dans le premier cas, vous faites une croix sur le projet en vous convaincant que vous ne pouvez le concrétiser. Dans le second cas, vous déterminez ce qui n'a pas fonctionné, vous repensez votre stratégie et, fort de vos nouvelles connaissances, vous vous relancez vers le succès.

Les chanceux profitent de leurs échecs pour affiner leurs stratégies, mettre un terme aux comportements qui ne leur rapportent rien et adopter de nouvelles approches. Quant aux malchanceux, ils maintiennent leur conduite ou, au contraire, abandonnent leur quête. De quel groupe faites-vous partie ? Encore une fois, vous avez le choix.

- Pour la troisième fois cette année, vous perdez votre emploi. Vous pouvez soit vous dire que vous n'êtes pas fait pour ce secteur d'activité, soit chercher ce que vous devez améliorer afin de réduire les risques que cela se produise de nouveau.
- Vous vivez votre troisième divorce. Vous pouvez soit décider que vous n'êtes pas fait pour la vie à deux, soit procéder à un examen de conscience pour mieux comprendre la situation et relancer votre vie amoureuse sur des bases plus solides. Les reproches de votre partenaire étaient-ils fondés ? Que pourriez-vous améliorer dans vos comportements ? La prochaine fois, vous tournerez-vous vers un autre type de personne ?
- Vous voici plongé dans votre deuxième faillite commerciale. Vous pouvez soit décider de ne plus être patron et de devenir fonctionnaire, soit tenter de comprendre ce qui s'est passé afin de réussir votre prochain projet d'entreprise.

Vous avez toujours le choix d'abandonner ou de persévérer, et le choix que vous faites a un effet certain sur vos possibilités de succès. Il vous rend plus chanceux ou plus malchanceux.

Voici donc la question à vous poser quand vous essuyez un coup dur : « Qu'est-ce que je fais maintenant ? » C'est une question magique, car elle vous redonne la maîtrise de la situation. Vous n'abdiquez pas : vous prenez les commandes de votre vie et vous décidez consciemment de ce que vous ferez.

Que ferez-vous maintenant ?

Vous venez de subir un échec ? Vous ne savez plus si vous atteindrez l'objectif que vous vous étiez fixé ? Il vous faut tirer le meilleur de cette situation.

Demandez-vous ce que vous ferez maintenant. Ne vous contentez pas de geindre dans votre coin ; cela ne vous avancerait à rien.

Un rite initiatique

Vous connaissez les rites initiatiques qu'on impose aux étudiants de première année universitaire ou aux nouveaux soldats. Si l'on oublie les excès de certains individus, il faut se rendre à l'évidence : ces rites servent à renforcer la cohésion du groupe qui devra travailler ensemble pendant trois ou quatre ans. Ils permettent également de faire une coupure entre la vie d'avant et la nouvelle. Imaginez dorénavant que les revers que vous subissez pendant que vous vous approchez de la réalisation d'un objectif sont des rites initiatiques. Ils constituent une coupure entre le monde dans lequel vous baignez actuellement et celui que vous aimeriez créer.

Sans revers, vous ne pouvez pas devenir plus résilient ou plus fort que vous ne l'êtes aujourd'hui. C'est votre billet d'entrée pour passer au niveau supérieur.

Dressez la liste des solutions qui s'offrent à vous. Il y en a bien plus que vous ne le pensez. Peut-être avez-vous actuellement envie de tout laisser tomber parce que vous vous dites que vous n'atteindrez pas vos objectifs, c'est faux ! Le mot clé, dans une telle situation, est « persévérance ».

L'importance de la persévérance

En 1921, Lewis Terman, un chercheur de l'université de Stanford, a voulu découvrir pourquoi certaines personnes réussissent dans la vie alors que d'autres, qui ont le même quotient intellectuel, n'utilisent jamais la totalité de leur potentiel. Au bout de quatre décennies, il a enfin pu circonscrire les trois caractéristiques qui distinguent ceux qui réussissent de ceux qui n'y parviennent pas : l'habitude de se fixer des objectifs, la confiance en soi et la persévérance.

Persévérer, c'est accepter le fait que votre objectif est valable et qu'il est normal de ne pas réussir du premier coup. C'est apprendre à trouver votre second souffle, à continuer d'avancer malgré un premier échec. C'est éviter de laisser tomber alors que le succès est à portée de main.

Les revers ne devraient pas vous surprendre : ils font partie de la vie. Vous apprenez à réussir grâce à eux. Seuls les êtres totalement dépendants (les petits enfants et les vieillards) en sont épargnés, car on s'occupe de tout à leur place.

N'ayez jamais peur de connaître un revers. Cette attitude pourrait vous immobiliser et vous ôter l'envie d'essayer de nouvelles choses. La quête du succès implique des erreurs. C'est tout à fait normal ; le hasard ne fait pas de cadeau. Vous devez avoir votre part d'échecs avant de réussir. C'est une des principales lois du succès.

Si une épreuve vous déstabilise, ayez recours à votre intuition pour la traverser. Ne vous laissez pas impressionner par les obstacles. Il existe des méthodes pour les surmonter. Le docteur Wiseman a d'ailleurs démontré que les chanceux ont plus souvent recours à ces techniques que les malchanceux.

Les chanceux sont capables de décrocher. Pendant qu'ils font autre chose (méditation, autre tâche, promenade au parc, etc.), leur inconscient travaille au problème en cours, de sorte que, lorsqu'ils y reviennent, la solution s'impose d'elle-même à leur esprit. Les malchanceux, eux, s'acharnent sur un problème tant qu'il n'est pas réglé, et souvent, la solution qu'ils retiennent n'est pas la meilleure.

Résumé

Il est normal que des événements imprévus viennent ralentir la progression des projets qu'un être humain cherche à concrétiser au cours de sa vie. Les revers font partie de l'existence des chanceux et des malchanceux.

Ce qui différencie ces deux catégories de gens, c'est leur attitude devant l'échec. Les malchanceux déclarent que le projet est impossible à réaliser et, souvent, cessent de faire les efforts qui pourraient les mener plus loin. Quant aux chanceux, ils cultivent l'impression qu'une erreur leur apportera quelque chose de positif à long terme. Ils se disent que la situation pourrait être pire, ils ne ruminent pas *ad nauseam* sur les événements malheureux et utilisent chaque revers pour affiner leur stratégie et éviter que de tels incidents se reproduisent.

Cessez de vous complaire dans des émotions négatives et découvrez ce que la situation que vous vivez renferme de positif. Il y a toujours un élément positif !

En prime

~

Je vous sens déjà fébrile : vous vous demandez quelle prime le présent chapitre vous offre. Qu'est-ce que l'habitude de contextualiser les obstacles pourrait vous apporter ? Des périodes de deuil plus courtes.

La résilience

Vous avez sûrement entendu parler de la résilience. C'est la faculté que possèdent certaines personnes de rebondir après un choc de la vie (perte d'emploi, peine de cœur, maladie, mauvais coup du sort, etc.) et même d'en ressortir plus fortes.

Les personnes résilientes ne rebondissent pas immédiatement. Comme tout le monde, elles vivent un deuil quand un événement les déstabilise. Simplement, pour elles, le deuil est plus court que pour les gens peu résilients, chez qui il peut durer des années et mener à la dépression. En adoptant les habitudes présentées dans ce chapitre, vous deviendrez plus résilient.

Imaginons que vous avez été mis à pied à la suite d'une restructuration. Selon le poste que vous occupiez dans l'organisation, on vous a annoncé que vous termineriez vendredi ou l'on a demandé à un agent de sécurité de vous escorter pendant que vous ramassiez vos effets personnels, que vous remettiez vos clés et que vous quittiez les lieux.

Vous avez l'impression que votre vie a perdu sa structure, que vos repères ont disparu et que vous n'êtes plus grand-chose. Devriez-vous partir immédiatement en quête d'un nouveau travail ?

Il pourrait être catastrophique, dans ces circonstances, de vous mettre sur-le-champ à la recherche d'un emploi. D'abord, mentalement, vous n'avez pas encore quitté votre employeur précédent : si on vous laissait entrer dans votre ancienne entreprise, vous y retourneriez tout de suite !

Ensuite, vous n'avez pas repris contact avec ce que vous êtes réellement. Vous êtes encore Julie de chez SFR, Pierre de chez Philips ou Rachel de chez Renault. Tant que vous ne vous serez pas retrouvé, vous serez mal placé pour choisir un nouvel employeur.

Enfin, ce serait une fuite que d'essayer de dénicher un nouvel emploi immédiatement. Vous devez d'abord faire le deuil de votre travail dans cette entreprise.

N'écoutez pas ceux qui vous conseillent de vous prendre en main et de décrocher un emploi le plus vite possible. Ils n'ont probablement jamais traversé cette période difficile que vous vivez. Vous devez plutôt découvrir comment vous pouvez meubler cette période de deuil.

Vous devez faire face à la réalité. Vous n'avez plus d'emploi. Votre patron ne vous rappellera pas en s'excusant de sa bévue et en vous suppliant de reprendre votre poste. Ce chapitre de votre vie est terminé et, si vous éprouvez des difficultés à l'admettre, organisez un événement qui officialisera votre nouvel état. Pourquoi ne pas préparer une fête et lui donner un nom approprié ? « La fête du nouveau départ », par exemple…

Durant les premières journées, prêtez attention à ce que vous recommande votre voix intérieure ; elle ne doit pas devenir votre ennemie et s'attaquer à votre estime personnelle. Si vous vous reprochez de ne pas avoir été à la hauteur, rappelez-vous que, souvent, au cours d'une restructuration, les personnes mises à pied ne le sont pas en raison de leur incompétence.

Vous n'êtes pas responsable de ce qui arrive à l'entreprise et vous n'êtes pas moins bon que ceux qui y sont restés. Ne laissez pas votre voix intérieure miner cette certitude. Soyez à son écoute, mais assurez-vous qu'elle ne tente pas de vous faire croire que vous ne valez rien.

Cette période de deuil est inévitable. Vous devez passer par là après une perte d'emploi, et il en serait de même s'il s'agissait d'un chagrin d'amour ou de tout autre revers.

Ce qui différencie les chanceux des malchanceux, c'est qu'ils sont davantage capables de contextualiser les obstacles et que, de cette manière, ils retombent plus rapidement sur leurs pieds après un coup du sort. Leur période de deuil est plus courte, ce qui leur permet de repartir plus rapidement vers le succès.

Exécution !

6

*« Il y a des gens qui disent qu'ils peuvent ; d'autres qu'ils
ne peuvent pas. En général, ils ont tous raison. »*

Henry Ford.

En 1976, j'aurais voulu dire à une jeune femme que je l'aimais. À la place, après une soirée d'embrassades, j'ai décidé de ne pas donner suite. Elle m'a attendu quelques mois, puis a fait sa vie autrement. Je déplore parfois ma décision...

En 1994, j'ai songé un instant à faire traduire un de mes livres afin de l'offrir à des éditeurs américains. Cela ne pouvait pas être une mauvaise idée : le marché est tellement plus grand là-bas ! Cependant, je ne l'ai pas fait. Je m'en mords encore les doigts...

En 2001, j'ai eu envie de déclarer ma flamme à une femme que je rencontrais régulièrement pour des raisons professionnelles. De peur de nuire à nos relations d'affaires, j'ai préféré me taire. Je le regrette de temps à autre...

Comme vous le constatez, je suis loin d'être un gourou qui s'exécute chaque fois sans plus attendre, comme le font d'ordinaire les chanceux. À de nombreuses occasions, j'ai foncé, mais, parfois, la chance est passée à deux pas de moi, je l'ai perçue et n'ai pourtant rien fait pour me lancer dans l'action.

Et vous, y a-t-il des occasions que vous avez ratées ? Je parie que, si vous dressiez une liste de ce que vous regrettez d'avoir fait et une autre de ce que vous regrettez de n'avoir pas fait, la seconde serait plus longue. C'est normal. L'être humain est une machine à rêver, mais des forces font en sorte qu'il s'empêche lui-même de réaliser certaines des choses qui le rendraient heureux. Est-ce du masochisme ? Je ne crois pas. C'est la peur de changer l'ordre établi, de se remettre en question.

Nous aimons bien rire des politiciens qui nous promettent monts et merveilles avant les élections, mais qui ne font rien une fois élus. Pourtant, nous sommes semblables à eux dans nos vies. Nous aimons entretenir l'illusion d'avoir des projets, mais la force de l'inertie nous amène à parler bien plus que nous n'agissons.

La force de l'inertie

Pourquoi certaines personnes s'entêtent-elles à demeurer avec un conjoint violent ? Pourquoi certains individus conservent-ils pendant des décennies un emploi qu'ils détestent ? Pourquoi refuse-t-on d'améliorer son sort quand on est malheureux ?

Il semble que cette inertie soit due à deux facteurs : la peur de l'inconnu et la paresse.

• La peur de l'inconnu :

Avant qu'on sache que la Terre était ronde, les marins refusaient de naviguer trop loin des rives. Ils étaient persuadés qu'ils tomberaient dans un abîme. Quand on craint l'inconnu, on s'immobilise et on s'accroche à sa situation actuelle, aussi désagréable soit-elle.

• La paresse :

L'être humain est foncièrement paresseux. La paresse est une de ses plus grandes qualités : grâce à elle, il a inventé tout ce qui lui rend la vie plus facile. Cependant, poussée à l'extrême, la paresse rend prisonnier d'une zone de sécurité dont on éprouve des difficultés à s'extirper. On finit par se dire : « À quoi bon me forcer ? Je suis relativement bien actuellement. Un tiens vaut mieux que deux tu l'auras ! »

L'action combinée de ces deux facteurs nous encourage à demeurer à un niveau inférieur à celui auquel on pourrait aspirer.

Pour les gens aux prises avec la force de l'inertie, le libre arbitre est une illusion. Ils sont prisonniers de l'ornière dans laquelle ils ont décidé de végéter. Ils passent à côté de l'essence même de la vie.

Naturellement, plusieurs d'entre eux en sont conscients, et le fait de savoir qu'ils ne se réalisent pas à leur pleine mesure les plonge dans le malaise. C'est alors qu'interviennent les rationalisations, qu'ils utilisent pour justifier leur immobilisme :

• « J'attends que les enfants soient grands. » ;

• « J'attends que la maison soit payée. » ;

• « J'attends que les jeunes aient terminé leurs études. » ;

• « Il serait ridicule d'abandonner ma sécurité d'emploi et mon fonds de pension. »

Ce ne sont que des excuses visant à protéger une estime d'eux-mêmes qu'ils savent en danger. Absolument rien ne justifie le refus d'agir de manière responsable.

Les chanceux et le hasard

Certaines personnes semblent avoir de la chance au jeu. Dans les tirages au sort, par exemple, elles gagnent plus souvent que les lois des probabilités ne le voudraient.

Savez-vous pourquoi ? Parce qu'elles remplissent plus de coupons de participation que les gens qui se considèrent comme malchanceux. Ceux-là jettent les coupons sans les remplir. Comment se surprendre, alors, que les personnes qui se disent chanceuses gagnent la plupart du temps ?

Elles agissent ! Il est impossible de se sentir chanceux sans action. Tant qu'un projet n'est pas lancé, il demeure un rêve éveillé.

Ce qu'en dit la science

L'action est l'état naturel de ce qui existe. Dans l'univers, on compte plus d'énergie que de matière. Cette énergie pousse au mouvement, vers un chaos d'où émergera un ordre que vous contribuerez à façonner.

Sur l'échelle quantique, on a découvert qu'une particule peut être touchée par un événement qui se passe très loin d'elle. On en a déduit le principe de l'inséparabilité, selon lequel deux particules qui interagissent pendant un bref instant restent ensuite connectées. Comme votre corps est composé d'atomes qui ont été en contact avec presque tout ce qui gravite dans l'univers, vous êtes intimement lié à celui-ci.

Cela signifie que tout ce qui se passe dans l'univers vous touche et que tout ce que vous faites affecte le reste de l'univers. Quand vous vous lancez dans l'action, vous changez le monde. Quand vous choisissez l'inertie, c'est lui qui vous transforme. Si vous êtes passif, vous confiez votre avenir au hasard et vous risquez de devenir un outil qui permettra à d'autres d'atteindre leurs objectifs.

L'inséparabilité et l'éthique

Le principe d'inséparabilité sous-tend une grande responsabilité : ce que vous faites façonne votre vie et celle des autres. Le café que vous buvez le matin influe sur la qualité de vie de travailleurs situés à des milliers de kilomètres de chez vous. Vous devez agir de manière consciente, en tenant compte de ce que chacune de vos décisions peut avoir comme conséquence.

Grande nouvelle : votre vie est commencée !

Non seulement votre vie est commencée, mais un accident pourrait faire en sorte qu'elle se termine bientôt. Vous ignorez combien de temps vous avez à votre disposition, alors pourquoi ne pas vivre maintenant ? Il est temps d'abandonner l'idée selon laquelle « ce sera mieux plus tard ».

Trop de gens se contentent d'une vie morne en se disant que ce sera mieux un jour : quand ils auront leur diplôme, quand leur prêt étudiant sera remboursé, quand les enfants seront grands, quand l'heure de la retraite sonnera. Pendant qu'ils attendent, ils vieillissent et s'assèchent tranquillement. Vous les entendrez dire à 55 ans ce qu'ils disaient à 40, à 30 ou à 20 : « Un jour, ce sera mon tour... » Leur vie stagne.

Vous contentez-vous d'une vie insatisfaisante en vous disant que ce sera mieux plus tard ? Si c'est le cas, lisez bien ceci : votre existence sera encore morne dans cinq ans. Vous ne pouvez aspirer à une vie meilleure si vous ne vous lancez pas dans l'action maintenant. Vous ne faites que vous torturer en pensant à ce qui pourrait être au lieu de créer ce qui devrait être.

Outre ceux qui se contentent de rêver à un avenir lointain sans rien faire aujourd'hui, il y a les préparateurs modèles, qui ne réalisent rien non plus. Vous êtes un préparateur modèle si vous n'en finissez pas de planifier ce que vous prévoyez de faire. Par exemple, certaines des personnes qui veulent se lancer en affaires prennent des années à concocter leur plan. Quand elles sont enfin prêtes, elles se rendent compte qu'elles ont laissé passer l'occasion. Elles n'ont pas su saisir l'instant présent. Quand on s'attend en permanence à une meilleure situation, on finit par oublier de la créer.

—— Le bonheur selon Stephen M. Pollan ——

Le bonheur est un état d'esprit, pas un objectif. La vie que vous souhaitez est ici, maintenant. Elle attend que vous la saisissiez. Trop de gens passent leur temps à planifier, à espérer et à rêver. Ils se disent que la vie serait vraiment bonne s'ils obtenaient une promotion, rencontraient la bonne personne ou héritaient de quelque argent. Ils se convainquent qu'ils seraient heureux s'ils perdaient 15 kg, si leur salaire annuel dépassait 70 000 euros ou si leur hypothèque était payée. Mais pourquoi ne pas être heureux dès aujourd'hui ?

Cessez d'espérer que demain sera meilleur. Il ne le sera pas si vous ne le façonnez pas dès aujourd'hui. Êtes-vous prêt à investir les efforts, à vous lancer dans l'action ? Votre réponse est déterminante.

Si vous vous contentez d'espérer, vous continuerez encore dans dix ans. Si vous attendez le bon moment, celui-ci ne viendra pas. Le moment parfait, où tout est gagné d'avance, n'existe pas. Ne vous empêchez pas de vivre en attendant demain. C'est un mauvais choix.

Votre passé est révolu !

C'était mieux « au bon vieux temps… » mais celui-ci s'est envolé. Vous n'y pouvez rien.

La bohème

Vous connaissez sûrement cette chanson d'Aznavour, où il se souvient d'une vie de misère et laisse entendre que c'était les plus belles années de son existence. Un peu plus tard, Michel Fugain a repris le même thème dans *Nostalgie* :

« *Un p'tit coup d'blues en se parlant du passé*
Cette sacrée vache enragée...
Qu'était si bonne à manger...
Et si bonne à partager. »

Je rencontre régulièrement des hommes d'affaires qui me parlent avec nostalgie des premières années de leur carrière, des semaines où ils ne savaient pas s'ils arriveraient à payer leurs employés et où ils travaillaient entre quatre-vingt et cent heures. Croyez-vous vraiment qu'ils regrettent ces années et qu'ils y retourneraient ? C'est du bluff. Ils les évoquent avec nostalgie, mais ils ont déjà donné !

En regrettant le temps qui s'est écoulé, vous obtiendrez simplement le sentiment que ce que vous faites aujourd'hui n'est pas à la hauteur de vos attentes. Mais, là encore, c'est du bluff ! Vous ne retourneriez pas dans le passé. Si vous n'avez pas saisi ce que vous aviez à y apprendre, c'est perdu. Repensez aujourd'hui à ces événements et tirez-en les leçons qui s'imposent. Elles peuvent être de plusieurs ordres.

Rappelez-vous vos réussites

Trop souvent, vous les oubliez ou les minimisez. C'est une erreur. Souvenez-vous de vos bons coups et restez conscient de vos talents, de vos habiletés et de ce que vous pouvez accomplir avec votre savoir. Cela vous permettra de conserver votre estime personnelle et de demeurer fort dans l'adversité. Si vous vous rappelez seulement vos échecs, vous ne vous lancerez pas dans des projets qui comportent des risques.

Tirez des leçons de vos échecs

De cette manière, vous éviterez de répéter vos erreurs. La sagesse, c'est savoir réviser ses stratégies en fonction de ses anciennes fautes. La plus grosse erreur serait de reproduire les mêmes gestes en espérant obtenir des résultats différents.

Souvenez-vous de ceux qui vous ont aidé

C'est le meilleur moyen de constater que les gens sont bons avec vous. Ils méritent que vous les approchiez en supposant qu'ils seront bien-veillants à votre égard. Rappelez-vous ceux qui vous ont aidé, encouragé. Ressentez de la gratitude et l'envie de transmettre une partie de ce que l'on vous a donné. Ce faisant, vous ferez vibrer votre côté humain et vous vous rendrez plus apte à réussir.

Remémorez-vous vos passions d'antan

C'est là que se trouvent vos catalyseurs d'énergie. Ainsi, vous découvrirez les projets dans lesquels vous pourriez vous lancer sans compter les efforts (parce que ce n'en seront pas), ni le temps investi auparavant. Vous découvrirez également qui vous êtes réellement et quelles voies vous permettraient de devenir plus heureux.

Le spectacle du samedi après-midi

Savez-vous ce que je préférais faire le samedi après-midi quand j'avais onze ans ? Donner des spectacles pour les jeunes du voisinage dans ma cour, sur une scène construite avec des caisses d'oranges ! Je rêvais déjà de la scène. Je trouvais mon matériel dans les recueils de monologues de Raymond Lévesque ou dans les *Reader's Digest*.

C'est ce dont je me suis souvenu, en 1991, quand j'ai perdu mon emploi. Et vous, de quoi rêviez-vous quand vous étiez jeune ?

Le passé ne sert qu'à cela, pas à autre chose, et vous ne pouvez pas le revivre. De plus, vous devez être conscient que chaque journée où vous ne faites rien pour réaliser vos rêves demeure vide, et qu'elle viendra, elle aussi, meubler votre passé. Avez-vous envie, une fois vieux, de vous pencher sur votre vie et de réaliser qu'elle a été absolument morne ?

Pourquoi pas le présent ?

Combien d'idées peuvent vous passer par la tête en une seule journée ! Vous apprenez qu'un professionnel songe à la retraite et vous vous dites que vous pourriez acquérir sa clientèle. Une entreprise ouvre ses portes et vous vous dites que vous pourriez y offrir vos produits d'assurance groupe. Un client annonce l'agrandissement de son commerce et vous vous rappelez qu'il n'a pas demandé d'emprunt à ce sujet ; il faudrait que vous l'appeliez pour en discuter.

Ce genre d'idées ne se limite pas à la sphère professionnelle. Votre conjoint se fait plus distant et vous vous dites que ce serait le bon moment de lui proposer un week-end romantique à Venise. Vous feuilletez le journal et vous hésitez quelques instants devant la publicité d'une école de langues. Vous apprenez qu'une voisine que vous avez toujours trouvée attirante vient de divorcer...

Le cerveau est une merveilleuse fabrique d'idées. Vous en avez près de 60 000 par jour. Certaines sont inutiles, d'autres sont fantastiques. Comment pouvez-vous discerner ces dernières afin de les mettre en œuvre ?

Fixez vos idées par écrit

Tout d'abord, notez les idées que vous croyez excellentes. Pour cela, munissez-vous d'un calepin ou d'un dictaphone. À la rigueur, laissez des messages sur votre boîte vocale ou écrivez-vous des SMS. Si vous ne notez pas vos idées, elles vous échapperont rapidement, même si vous vous promettez de vous les rappeler.

Ensuite, attendez deux ou trois jours avant de revenir consulter votre calepin. Ainsi, vous aurez pris un peu de recul et vous serez capable de déterminer les idées qui valent la peine d'être retenues et celles qui ont déjà perdu de leur lustre. Cette prise de distance vous évitera de vous lancer dans des projets qui, rapidement, ne vous diront plus rien.

Finalement, établissez la manière dont vous allez vous y prendre pour mener à terme le projet choisi. Quel plan d'actions suivrez-vous ? Qui devrez-vous convaincre ? Qui pourrait vous présenter au client potentiel que vous voulez rencontrer ? Dans certains cas, la planification est rapide : il vous suffit d'appeler le professionnel, de l'inviter à manger et de lui demander s'il songe à se départir de sa clientèle. Dans d'autres cas, la préparation est plus longue. Ce qui importe (et c'est là le message principal de cette section), c'est de dépasser l'étape de la planification et de vous lancer dans l'action. Il faut bouger !

Néanmoins, ce n'est pas facile de passer à l'action. Plusieurs facteurs peuvent vous en empêcher :

• Le manque d'information

Vous vous dites que ce n'est pas encore le moment de vous lancer, que vous n'avez pas recueilli et analysé toute l'information requise. Si vous attendez trop longtemps, vous vous condamnez à passer à côté de nombreuses occasions. De nos jours, nous sommes tellement submergés d'informations qu'il est possible de passer des années à étudier un projet sans en avoir analysé toutes les facettes.

• La peur de l'échec

Quand vous étiez adolescent, c'est à cause de ce sentiment que vous n'osiez pas demander à un garçon ou à une fille de danser avec vous. Vous craigniez de devenir la risée du groupe à cause d'un éventuel refus. Et puis, un jour, vous avez foncé. On vous a quelquefois dit oui, quelquefois non, et vous avez réalisé que cela valait le coup de tenter votre chance. Cette réalité reste la même aujourd'hui.

• Le manque de discipline

Vous effectuez parfois des tâches futiles qui vous donnent l'impression d'être occupé, alors que vous pourriez réaliser des choses qui vous feraient avancer. Délaissez ces activités qui ne vous servent pas à grand-chose. La majorité des êtres humains ne réalisent qu'un faible pourcentage de leur potentiel et passent à côté d'une vie qui pourrait être gratifiante et porteuse de sens.

Dans certaines situations, vous devez impérativement saisir l'instant présent. « *Carpe diem* », disaient les Romains. Si vous ne vous lancez pas dans l'action, les idées et la planification n'auront servi à rien. Vous n'aurez fait que nourrir des rêves éveillés qui auront, certes, ensoleillé vos journées, mais qui ne vous auront pas permis d'avancer d'un *iota*. Bien pire encore, ces occasions ratées vous laisseront un sentiment de regret qui minera votre énergie.

Ne craignez pas l'échec. Il n'affecte pas votre niveau de bonheur. Ce qui l'élève, au contraire, c'est le sentiment que vous maîtrisez votre vie, la certitude que vous avancez et que vous faites les gestes nécessaires à la réalisation de ce que vous êtes. Vous avez le choix : tenir le volant du véhicule de votre vie ou occuper le siège du passager, décider de ce que vous ferez ou laisser l'environnement choisir votre destination en vous laissant croire que vous pourrez réaliser vos rêves. Ce n'est pas l'aboutissement du projet qui vous rendra heureux ; c'est le sentiment que vous avancez, même si vous connaissez parfois l'échec.

Quelles idées géniales avez-vous eues cette semaine ? Lesquelles valent la peine d'être retenues ? Quel est le premier geste que vous pourriez faire ? Pourquoi ne le feriez-vous pas tout de suite ?

Certaines de ces idées ne peuvent attendre. Vous ne pourrez plus acquérir la clientèle du professionnel quand il l'aura cédée à l'un de vos concurrents. Vous ne pourrez plus vendre d'hypothèque à votre client une fois qu'il aura emprunté ailleurs. Vous ne pourrez plus reconquérir le cœur de votre conjoint une fois qu'il aura fait ses valises. Les rêves et la planification ne sont que du vent s'ils ne sont pas suivis de gestes concrets. Agissez !

Comment agir maintenant ?

Cessez de jouer au donneur de leçons

Vous connaissez sûrement des personnes qui savent tout, qui portent des jugements sur tout, qui se permettent régulièrement de dire aux autres ce qu'ils devraient faire, alors qu'eux, ne font jamais rien. Ce qui fait la valeur d'un individu, ce ne sont pas ses connaissances ou ses opinions, ce sont ses actions.

Le donneur de leçons de type « retour vers le futur »

Il existe un individu pire que celui qui donne son avis à propos de tout ce qu'il voit ou de tout ce qu'il entend. Les médias ont donné naissance à un nouveau type de donneur de leçons : celui qui explique, après coup, que la décision prise par monsieur Untel était mauvaise.

À ce moment là, il connaît les conséquences de la décision de l'autre et il possède davantage d'informations que celui-ci en avait au moment où il a agit. Ne vous fiez pas aux gens qui donnent leur opinion sur tout si vous ne les avez jamais vus faire quoi que ce soit.

Si vous tenez vraiment à jouer les donneurs de leçons, faites de vous la cible de vos propos.

Vous connaissez votre propre situation, vos problèmes. Vous pouvez donc vous donner vous-même des conseils. Ensuite, suivez-les !

Investissez-vous !

Quand vous réalisez quelque chose, faites-le bien. Soyez performant ! Donnez le meilleur de vous-même ! Rappelez-vous les trois vendeurs qui recevaient respectivement des primes de 3 500 euros, 700 euros et 350 euros. Le volume de ventes du premier était juste légèrement plus élevé que celui du deuxième. Souvent, un petit effort supplémentaire vous permettra de gagner bien davantage. Par ailleurs, vous ne savez pas qui fait partie de votre auditoire. Un client qui n'achète presque rien est peut-être un employeur qui vous offrira un meilleur travail si votre prestation l'éblouit.

Commencez avec ce que vous savez

Il est tentant de reporter la mise en œuvre d'un projet en attendant d'avoir toute l'information nécessaire à la prise d'une décision optimale, mais vous ne saurez jamais tout ! Toute décision comporte sa part d'imprévu. N'attendez pas et faites les premiers pas dès aujourd'hui. Qui sait où cela vous mènera ?

Vous pouvez souvent obtenir à peu de frais le savoir que vous n'avez pas. Il n'est pas nécessaire de tout connaître de la comptabilité pour vous lancer en affaires ; de nombreuses personnes sont prêtes à prendre en charge votre comptabilité pour des honoraires raisonnables. Il vous suffit juste de profiter de cette offre de services présente sur le marché.

Si un projet est trop lourd, coupez-le en petites portions

Vous voulez étudier le russe, mais cet apprentissage vous fait peur ? Donnez-vous comme objectif d'apprendre vingt mots par semaine. Ce sera facile et, d'ici un an, vous connaîtrez le vocabulaire courant. Cependant, une condition est nécessaire à remplir : apprenez vos vingt mots cette semaine !

Agissez maintenant

Arrêtez de remettre au lendemain ce que vous pouvez faire dès aujourd'hui. Vous allumez la télé parce que vous pensez qu'on y présentera des émissions intéressantes, mais vous vous contentez de zapper et, le temps de le dire, il est déjà l'heure d'aller vous coucher. Autre exemple, vous surfez sur Internet des heures durant sans vraiment savoir ce que vous cherchez ni comprendre que vous perdez un temps précieux. Imaginez ce que vous pourriez faire de ces heures si vous les investissiez dans des activités productives ! Votre vie n'est pas un jeu vidéo. Aucun bouton « reset » ne vous permettra de recommencer la partie. Le temps que vous perdez aujourd'hui est perdu à jamais.

Ne visez pas la perfection

Contentez-vous de mener votre projet à terme. Laissez un peu de prise aux donneurs de leçons : ils remarqueront que vous n'avez pas fait ceci ou cela, mais ils ne se rendront même pas compte que vous avez réalisé votre vœu alors qu'eux n'ont absolument rien fait.

Mettez-y de la passion !

Ne vous lancez pas dans des projets qui ne vous font ni chaud ni froid, ni dans des entreprises qui vous sont imposées si elles ne correspondent pas à vos valeurs. Vous ne seriez pas en mesure de les mener à terme et, même si vous y arriviez, la victoire vous laisserait un goût amer.

Résumé

Chacune des habitudes présentées dans ce livre peut vous permettre de devenir plus chanceux, mais c'est en les adoptant toutes que vous passerez vraiment à un palier supérieur. Les cinq premières peuvent, certes, augmenter votre chance mais, sans action immédiate, vous n'en profiterez pas.

Il est important de vous positionner dans le temps. Cessez de vivre dans l'avenir en vous disant que, plus tard, vous connaîtrez le bonheur. Ce temps-là ne viendra jamais si vous ne faites pas l'effort, dès maintenant, de le créer. En vivant en permanence dans l'avenir, vous êtes comme un artiste qui contemple son bloc de marbre depuis deux ans en se disant que ce sera un jour un chef-d'œuvre. S'il ne sort pas son marteau et son ciseau afin de commencer à sculpter, le chef-d'œuvre n'émergera jamais.

Arrêtez de regretter le passé, il n'est pas si fantastique que vous le pensez. En réalité, vous n'aimeriez pas forcément le revivre. S'il provoque la mélancolie ou le ressentiment quand vous vous tournez vers lui, c'est que vous avez quelque chose à régler maintenant. Vous devez cependant le consulter à l'occasion, afin de tirer des leçons qui vous permettront d'aller plus loin. Mais, conduiriez-vous une automobile en ne vous fiant qu'au rétroviseur ?

Vous pouvez utiliser l'instant présent pour façonner un avenir à votre goût. Dans ce but, vous devez agir tout de suite. Cessez de jouer au donneur de leçons, offrez le meilleur de vous-même, débutez avant de tout connaître (ce qui est une utopie), coupez votre projet en petites portions, arrêtez de remettre vos actions au lendemain, cessez de viser la perfection et mettez-y de la passion.

Beau programme ! Il sera réaliste si vous arrivez à vous libérer des forces qui vous poussent à l'inertie (la peur de l'inconnu et la paresse).

LA CHANCE TU PROVOQUERAS

En prime

~

Si vous adoptez dès maintenant l'habitude d'agir sans plus attendre, vous obtiendrez une prime des plus intéressantes : la confiance en vous.

Pourquoi chercher à améliorer la confiance en soi ? Tout simplement parce qu'elle est nécessaire à l'individu qui souhaite se lancer dans des projets. Pourquoi investir du temps et des efforts dans des entreprises si vous n'avez pas confiance en vous ? Il ne peut, dans ce cas, y avoir de motivation, puisque vous croyez que vos plans sont voués à l'échec.

Pour avoir davantage confiance en vous, répétez-vous que vous êtes bon, que vous avez les ressources pour réussir et que, par conséquent, vous désirez mener à bien des projets qui vous intéressent. Pour vous prouver que vous êtes compétent, il faut vous y mettre et suivre les conseils présentés dans ce chapitre !

Vous voici donc devant le sempiternel dilemme de l'œuf et de la poule : vous devez entreprendre des projets pour acquérir davantage de confiance en vous, et, simultanément, vous devez avoir confiance en vous pour trouver le courage de vous lancer dans des projets. Par où commencerez-vous ?

La réponse à cette question importante vous a été présentée dans les dernières pages : vous devez découper votre projet en petites portions. Si vous le faites, vous oserez vous lancer et, une fois la première étape franchie (si minuscule soit-elle), vous sentirez croître votre confiance en vous. Ceci vous donnera envie de poursuivre ou même de vous lancer des défis encore plus grands.

Le sentiment de réussite

Vous vous rappelez l'exemple où vous vouliez étudier le russe ? Votre objectif était d'apprendre vingt mots par semaine. Combien de temps vous faudra-t-il avant d'éprouver un sentiment de réussite ?

Je vous le donne en mille : dès la première semaine, si l'objectif de vingt mots a été atteint. C'est magique ! Ce n'est pas la concrétisation globale du projet qui vous donne l'impression de réussir, mais la progression que vous avez accomplie. Vingt mots seulement, et vous aurez le sentiment de réussir. Vous sentirez sûrement grandir votre confiance en vous !

Savez-vous ce qui est le plus beau ? L'augmentation de votre confiance en vous et l'éclosion du sentiment de réussite sont si excitantes que vous serez probablement tenté d'apprendre vingt-cinq mots dès la deuxième semaine. Enthousiaste, vous augmenterez ainsi encore plus votre confiance !

C'est un cercle vertueux qui s'entretient et ne cesse de s'améliorer de lui-même une fois qu'il est enclenché. Il vous suffit de commencer à réussir, petite bouchée par petite bouchée. N'êtes-vous pas tenté ?

La confiance en soi présente d'autres avantages. Elle vous aide à franchir les obstacles sans crier à la catastrophe, parce que vous savez que vous pouvez triompher de l'adversité. Les revers ne peuvent que vous ralentir ; ils ne peuvent pas vous arrêter.

De plus, la confiance en soi facilite l'acquisition des cinq autres habitudes présentées précédemment dans ce livre.

Choisir d'aller plus loin

Vous ne le ferez jamais si vous n'avez pas confiance en vous. La confiance en soi affecte l'estime personnelle. Sans cette dernière, vous croirez que vous ne méritez pas de réussir, donc vous ne déciderez pas d'aller plus loin.

Happer l'instant présent

Les gens qui n'ont pas confiance en eux ne peuvent pas acquérir le détachement tranquille permettant de saisir l'instant présent et de percevoir ce que le monde a vraiment à leur offrir.

Anticiper positivement l'avenir

Comment est-ce possible si vous ne vous faites pas confiance ? Au lieu de penser au succès probable, vous vous estimerez chanceux si votre échec n'est pas trop cuisant. Il vous sera très difficile d'anticiper positivement l'avenir si vous ne vous faites pas au moins un peu confiance.

Nourrir son réseau de contacts

Comment pouvez-vous vous attendre à ce que les gens soient bienveillants avec vous si vous n'avez pas le sentiment de mériter leur gentillesse ? Comment charmer les autres si vous ne vous trouvez pas charmant ? Votre capacité à entretenir et à enrichir votre réseau de contacts repose également sur la confiance que vous avez en vous-même.

Contextualiser les obstacles

Si vous n'avez pas suffisamment confiance en vous, il vous sera impossible de mettre vos erreurs en perspective. Persuadé que vous êtes fautif, vous vous promettrez de ne plus recommencer plutôt que de vous demander comment vous pourriez faire mieux la prochaine fois.

Que faut-il déduire de tout cela ? Que cette sixième habitude, celle d'exécutez, d'agir sans plus attendre, pourrait être la plus importante. Cependant, dans les faits, il n'existe aucune séquence parfaite. Commencez le processus où bon vous semble. Ce qui importe, c'est que vous vous donniez la permission de réussir.

Conclusion

Si seulement ils savaient...
« La chance elle est comme ça
Elle aime qu'on s'occupe d'elle
Qu'on lui tende les bras
Qu'on lui dise qu'elle est belle
Qu'elle soit trèfle à quatre feuilles
Ou de l'or dans la rivière
La chance elle se cueille
Avec les yeux grands ouverts. »

La chance, La Rue Kétanou.

Je revenais de donner une conférence à Chicoutimi, en plein hiver. J'étais arrivé la veille sans problème, mais le retour allait être plus compliqué. La météo prédisait de la pluie verglaçante ; malgré tout, j'ai décidé de me lancer dans le parc des Laurentides.

La pluie verglaçante était bel et bien au rendez-vous. Le trajet que je fais normalement en quatre heures et demie allait m'en prendre sept. Je n'avais qu'un CD dans la voiture : un enregistrement live de La Rue

115

Kétanou, un groupe français. Je ne le savais pas encore, mais la huitième chanson s'appelait *La chance*. Je l'ai écoutée une vingtaine de fois entre Chicoutimi et Saint-Nicéphore… Chaque fois, je l'appréciais davantage et je me disais qu'elle avait un sens important.

Après Québec, la pluie verglaçante s'est changée en tempête de neige. Il fallait que je prenne mon mal en patience…

Je m'étonnais de n'avoir jamais traité de la chance dans un livre. Je me disais que ce serait intéressant de le faire. Je me suis donc promis d'effectuer une recherche sur le sujet. Celle-ci m'a mené aux travaux du docteur Wiseman et de Charlotte Shelton. Par la suite, j'ai été en mesure d'élaborer mon propre cadre conceptuel par rapport à la chance et au hasard.

À mon arrivée à Saint-Nicéphore, après sept heures de conduite dans des conditions difficiles, je suis sorti de la voiture gonflé à bloc. D'autres auraient pesté en criant que la météo en avait contre eux. J'ai plutôt remercié Dame Nature de m'avoir permis cette réflexion sur la chance.

Je me considérais comme chanceux, et j'ai décidé de poursuivre cette réflexion. Je m'estimais également chanceux de ne pas m'être retrouvé dans le décor, comme des dizaines de véhicules croisés sur le chemin. Et je me suis dit qu'il serait bien que tous réalisent qu'ils peuvent devenir bien plus chanceux.

Sans le savoir, je venais de mettre en pratique les six habitudes que je vous ai présentées tout au long de ce livre. N'est-ce pas fantastique ? Et dire que, sans cette tempête, j'aurais pu passer à côté de tout cela ! Merci, Dame Nature !

C'est à vous de décider quelle émotion colorera le reste de votre vie. Est-ce que ce sera l'apathie, le mécontentement ou le mécontentement positif ? Personne ne peut vous imposer quoi que ce soit à ce sujet. C'est également à vous de choisir ce que vous ferez de ce livre une fois votre lecture terminée. Vous pouvez le ranger et ne plus jamais y revenir, l'offrir en cadeau ou le jeter dans la poubelle prévue pour le recyclage. Vous pouvez aussi décider de le relire, chapitre par chapitre, en mettant en pratique la démarche qui vous y est proposée.

Une chose est certaine : vous êtes au courant. Déciderez-vous maintenant, consciemment, de devenir plus chanceux ? Cela vous regarde mais, si vous choisissez de ne rien faire, n'enviez plus ceux qui ont décidé de devenir plus chanceux et ne maugréez plus devant ce qui leur arrive. Vous pourriez, vous aussi, faire partie de ce groupe. Il vous suffit d'acquérir les six habitudes que je vous ai présentées.

Si vous le faites, vous saurez comment réagir quand on vous traitera de chanceux. Vous vous contenterez de sourire et de vous dire : « Ah ! Si seulement ils savaient… »

Faites le premier pas aujourd'hui. Choisissez une des six habitudes proposées dans ce livre et lancez-vous ! Vous serez surpris de l'endroit où vous vous retrouverez au bout du compte.

Bibliographie

BROWNING Geil, *Emergenetics*, Collins, 2005.

GOLEMAN Daniel, *L'intelligence émotionnelle : comment transformer ses émotions en intelligence*, Éditions Robert Laffont, 1998.

PETERSON Christopher, SELIGMAN Martin E., *Character Strengths and Virtues*, Oxford University Press, 2004.

POLLAN Stephen M., LEVINE Mark, *It's All in Your Head : Thinking Your Way to Happiness*, Collins, 2005.

SAMSON Alain,
52 *jours pour réinventer ma vie*, Les Éditions Transcontinental, 2005.
« Et pourquoi pas maintenant ? », *Finance et Investissement*, 2006.
La simplicité involontaire, Les Éditions Transcontinental, 2006.
La vie est injuste (et alors ?), Les Éditions Transcontinental, 2004.
Pourquoi travaillez-vous ?, Les Éditions Transcontinental, 2002.
« Vous avez deux cerveaux ! », *Finance et Investissement*, avril 2006.

SELIGMAN Martin E. P.,
Apprendre l'optimisme, InterÉditions, 1994.
Authentic Happiness, Free Press, 2002.

SHELTON Charlotte, *Quantum Leaps : 7 Skills for Workplace ReCreation*, Butterworth Heinemann, 1999.

TRACY Brian, ARDEN Ron, *The Power of Charm*, Amacom, 2006.

TRACY, Brian, *Something for Nothing*, Nelson Current, 2005.

WISEMAN Richard, *Notre capital chance : comment l'évaluer et le développer*, Marabout, 2004.